読売新聞
大阪経済部編

転機 上

98社の出会いと決断

柳原書店

起業の法則

人間は人生において、誰でもいくつかの危機に直面する。それを乗り越えるか、乗り越えないかで、その人の人生は大きく左右する。乗り越える人は〝危機〟の機に全神経を集中さすのがわかる。機会、チャンスを活用させていく。が挫折する人は危に心が奪われ怯えて立竦《すく》む。そのために、人生の暗闇に入っていく。

　これと同じことがいえるのが〝転機〟である。〝転起〟と考える人は苦しみが襲ってきても屈することなく成功を信じて進んでいくものだが、〝天気〟と考える人はノーテンキ（能天気）という周囲まかせの変動の中で埋もれていくしかない。

　起業で成功するために、最も必要なのは、その人の精神力の強靭さである。私は、それをアイウエオと二十代から唱えている。

　アイデア（思考）インタ―レスト（興味）ウォーク（行動）エキサイテング（燃焼）オーナーズシップ

（完成観）この五つの考えがなくてはならない。これは確かに大変なことだ。この五項目の中の一項目が欠けても起業家としての成功度は低くなっていくものだ。

「いや、時代に乗ったから成功したんだよ、あいつは……」

とか、

「時流にうまく乗っただけなんだよ、あいつは……」

などという他人の成功を妬《ねた》む人には、このアイウエオの精神がないのが多い。その上に責任を回避するものだから、信頼度は薄くなっていくものだ。

この精神をより具体的にとらえるために、私は、次の二点を常に自分にいい聞かせている。

――ゆっくり急げ。

と、

――マイナスにマイナスを掛けるとプラスになる。

という藤本流格言である。なにか矛盾した表現のようにとられるが、そうではない。

――ゆっくり急げ。

というのは、目標をゆっくり定めて、一旦定めたなら敏速に行動しろということである。標的に向って銃の照準を定めたなら、なるべく早く引金を引いて射てということである。目的（標的）を定めるのに、あれこれと迷っていると、無駄弾ばかり放って、転業は起業に結び付かないものだ。

次のマイナスにマイナスを掛けるとプラスになるというのは、一回失敗したなら、恐れずにもう一回失敗してやれと居直る精神が必要だということである。それも同じ失敗をしてやろうという勇気を持つべきである。すると、決して失敗しないものである。

起業家で成功した人たちは、すべて、これらの法則をクリアした人ばかりだろう。

これは時代がどう変遷しても変わらない人間の業である。

業《わざ》は精神の技《わざ》なのだ。

一九九九年十月

藤本義一

目次

転機　上

本音の売り込み　国鉄を動かした

大和ハウス工業

名誉会長　石橋《いしばし》　信夫《のぶお》

大正十年生まれ

――創業のきっかけは

シベリア抑留から帰国後、しばらくは、兄の義一郎が経営する吉野中央木材（奈良県吉野町）に勤めていたが、このころは戦時中の乱伐で全国的に木材不足だった。代替資材として、大正時代に戦闘機の格納庫などに利用されていた鉄パイプの実用化を自分なりに検討していた。そこへジェーン台風。十津川一帯を歩いていたら、樹木や木造家屋はほとんど倒壊しているのに、川岸の竹や稲は風にそよいで立っていた。どうしてか。竹や稲は中が空洞で、円形だからだ。パイプも中は空洞で円形だ。これなら行ける。そこで事業化を決断した。

――売り込みは

苦心の末、開発した移動可能な組み立て式の簡易倉庫、パイプハウスを国鉄（現ＪＲ）に売り込むのに成功し、これが会社発展の基礎になった。パイプハウスの売り込みで天王寺、大阪、福知山の各鉄道管理局を回ったがどこも「本社の仕様書がなければ駄目だ」と素っ気ない。そこで東京に行ったが、課長も次長も部長も「資本金たった三〇〇万円の、従業員十八人の小さな会社では駄目」とやはり相手にしてくれない。仕方ないので局長のところへ飛び込んだが局長からも会社の小ささを理由に断わられた。だが腹が立ったので言うだけのことは言ってやった。

――なんと？

東京に来るのに私のワイシャツはススで真っ黒だ。国鉄だってこれからは乗客へのサービス向上のため電化を急がなければいけない。それには銅線の保管などにパイプハウスは必ず役立つ。資本金三〇〇万円とばかにするが、国鉄だって先祖はふんどし一丁で東海道をエッサホイサと人を運んだ〝かごかき〟ではないかと。そしたら腹を抱えて笑ってましたよ。言い過ぎたと思ってあくる日もう一度、局長のところへ行ったら「昨日は君の話が気になって夜二時まで眠れなかった。君の言う通りだ。仕様書を作ってくれ」と言われた。これで仕事が回りだした。

――なぜ国鉄に目をつけたのか

日本列島を人間の体に例えれば、国鉄は心臓から流れ出る血液みたいなもの。必要なものを運ぶ役割を果たす。さしずめ電力会社は明かりをともす目、耳や口は情報伝達の郵政省と電電公社（現ＮＴＴ）だ。日本列島をカバーしようと思えば、まずこれらをおさえなければと思った。民間企業に手をつけたのは四年目からだ。

――民間相手の仕事はどうだったか

五九年も押し詰まった十二月二十三日になって翌年三月十日完成予定の二千平方メートルの倉庫を「一月二十四日までに作ってほしい」と新三菱重工業（現三菱重工業）の三原製作所から突然、言ってきた。「国鉄も特急料金は二倍。それだけの金を出せるか」と言ったら「それでもいい」という。そこで引き受けたが、世の中は正月休み、人集めに一計を案じた。代金を二倍もらうのだからこちらも日当を当時の相場の三倍、一五〇〇円にして「溶接工四百人募集」の広告を出した。そしたら実際には六百人を越える応募があって全員採用、納期にも間に合って大いに信用を得た。新人教育に今も使っているが、「スピードは最大のサービスなり」だ。

――プレハブ住宅進出のきっかけは

五九年十月発売のミゼットハウスだ。戦後のベビーブームで学校の校舎も足りない時期だった。神戸市教育委員会から「本格的な校舎にしても数年で余る

わが社の歩み

積水ハウスに次ぐ住宅メーカー二位。プレハブ住宅のほか、大規模宅地開発、リゾートホテル、ホームセンターなど多角化を進める。売り上げのうち戸建て、アパート、店舗などの建築部門が八割を占める。「ロイヤルホテル」と名づけたホテルは約三十か所、「ロイヤルホームセンター」は約三十か所、「ネオポリス」の愛称の住宅団地は約五十か所に上る。

九九年三月期は、住宅市場の冷え込みが響き、売上高が八七一六億円で、四年ぶりに一兆円を下回った。経常利益は四一五億円。

環境対策に力を入れており、九九年三月、大阪・西梅田に完成した二十三階建ての新社屋は、社内から出るゴミを二十種類以上に細かく分別収集するなど、ビル全体でリサイクルに取り組んでいる。

1955	大和ハウス工業設立
59	株式を店頭公開
60	新婚用のスーパーミゼットハウス発売、住宅への取り組み本格化
62	大阪府羽曳野ネオポリスでプレハブ住宅を本格発売
63	信夫氏、社長に就任
78	能登ロイヤルホテル開業、リゾート事業に進出
80	信夫氏、会長に
92	代表取締役相談役に就任
99	新社屋完成
	信夫氏、取締役を退任し名誉会長に

証言 あの時

母の内助の功大きい

三男で専務　石橋民生さん

創業後しばらくは上村圭一会長ら社の幹部になった人たち七、八人も一緒に住んでいて、九六年に亡くなった母の純子《あやこ》が食事など身の回りの世話をしていた。筋ジストロフィーで亡くなった二男の世話も母が一人でやっていたので、母の苦労の方が印象に残っている。わが社の第一の功労者は父を陰で支えた母。父も実はそう思っているのではないか。七七年の入社後、いろいろと経営哲学を聞かされたが、どんな時でも弱音を吐かない人だと思った。それは今でも変わっていない。

どうしたらよいか」と相談を受けた。そこでパイプハウスを提案し、採用された。その際、「家庭でも子供たちは勉強部屋がなくて困っている。勉強部屋を作ったらどうかと言われ、始めたのがミゼットハウス。ミゼットは英語で極小型の意味。ちょうどダイハツの軽三輪車「ミゼット」がはやっていて、名前はそこからもらった。

――逆境はなかったのか

東京オリンピックが終わって金融引き締めの行われた六四年、山陽特殊鋼など大きな取引先の倒産もあって経営危機のうわさが流れた。これで工場から材料を引き揚げるところも出てきた。二千三百人の社員も千八百人にまで減った。だが去る者は追わず。この機に若手を工場長や支店長などに抜てきし、日本初のプレハブ住宅の量産工場も奈良市に建設した。逆境の時ほど前へ打って出るべきだ。これは死を覚悟したシベリアでの体験から生まれた人生哲学だ。

証言 あの時

勝負所を見極める目

顧問弁護士の中坊公平さん

六四年ごろの話だ。一〇億円ほどで工場建設を請け負った製薬会社が、完成した途端、会社更生法の適用を申請した。製薬会社が調停で出した返済計画案は十五年ほどの長期のもので「こんな案はのめない」と当時の石橋社長に言った。すると社長は私の腕をつかんで「ここが辛抱のしどきや。その案をのんでくれ」と言う。理不尽な要請は一切受けない強気の人だが、勝負所を見極めて潔く退くことも知っている。教科書にはない多くのことを実践を通じて教えてもらった。

燃料事情変わり　ガスぶろに全力

ノーリツ

会長　太田《おおた》敏郎《としろう》
昭和二年生まれ

――まきからガスへの転換にうまく乗った

まき、石炭のふろで日本中に販売網をもち、盤《ばん》石《じゃく》の体制ができていた。しかし、まき、石炭の時代は終わると思って、思い切ってガスに転換した。もし、転換しなかったら会社はつぶれていた。昭和三十年代に入って、ガス会社は一斉にガスぶろの宣伝を始めた。ガスでふろを沸かすというのはぜいたくだったが、エネルギー事情ががらっと変わってきた。ふろはガスを大量に使い、ガス会社にとってはドル箱。しかも、ガス会社はガスぶろに取り替える家庭にただでかまを提供し始めた。ガス会社はあとでガス料金で回収すればいい。これはこわいでっせ。ガスがまを作るしか生きる道はなかった。しかも、ガス会社に太刀打ちして、客から金のもらえる画期的な製品が必要だった。

――ガスの技術はどうしたのか

ガスを知っている技術者はうちにはおらず、まったく未知の世界だった。まき、石炭とでは燃焼の仕方からまるっきり違う。そこで頭に浮かんだのが日本の航空エンジンの草分けで東大名誉教授だった富塚清先生だった。

――なぜ富塚氏に

富塚先生はふろ好き。うちのふろの評判を聞いて、別荘につけてくれた。新聞でふろをほめてもらい、私から会いに行った。代理店の集まりで講演してもらったこともあった。先生に頼るしかないと思った。

わが社の歩み

ふろがま、給湯器の最大手。年間約八十九万台のガス温水関連機器を販売する。

太田会長は海軍兵学校出身。戦後、友人の紹介でふろがまの発明家、植松清次氏と出会ったのが創業のきっかけになる。植松氏の発明したふろに入り感激、植松氏と共同で「能率風呂商会」を経営したが倒産。新たに能率風呂工業を興した。「能率風呂」の命名者は植松氏。

アルミ製のガスふろがまの第一号「GS型」と続いて発売した「GS―2型」は大ヒットし、五十五万台が売れた。その後、空だき安全装置や浴室内からガスの点火、消火ができる「マジコン」なども開発した。

売上高一二四九億円（九八年十二月期）。従業員二千八百十七人。無借金経営でも知られる。

1951	資本金35万円で神戸市に能率風呂工業設立
60	神戸市須磨区に技術研究所を新築
61	アルミ製のガスがまを開発
68	社名をノーリツに
70	浴室から点火、消火が出来る「マジコン」を開発
84	大証二部に上場
85	東証二部に上場
87	東証、大証一部に昇格
95	太田氏、会長に就任

ぴんときたんです。これも発想の転換ですよ。

――富塚氏の反応は

一九五九年ごろ、東京・銀座のうなぎ屋で相談した。いいものがあるというので、すぐに一緒に東大の研究所に行った。「これだよ」と見せてもらったアルミ製の部品がB29（アメリカの大型爆撃機）のエンジンに使っているラジエーターだという。「すばらしい性能なんだ。これは放熱器であるけれども、反対にガスをかけたら、熱を吸収する。これでガスがまを作れ」と言い出した。すぐに研究所で指導してほしいと先生に頼んだ。私は決断は早い。でも先生の奥さんには小言を言われた。「富塚は世界的な男ですよ。わかってますか。それがふろの研究をするなんて」と。

――開発はどのように進められたのか

富塚先生はオートバイのデザイナーら弟子を連れてきた。設計したのは航空工学の大家、デザインはオートバイのデザイナー。ふろ屋がふろを作っても常識的なものにしかならない。ふろを全然知らない人が世界一のアイデアでやったからこそすごいものができあがった。一年ぐらい、いろいろな研究をして、設計やデザインは順調だったが、制作にかかったら当時の鋳物の技術が追いつかなかった。設計通りのものがなかなかできなかった。なんとか完成させると性能は抜群にいい。百八十リットルのふろが二十分ぐらいで沸いた。当時のふろがまはこの一・五倍ほど時間がかかっていた。

――次は販売

ところがガスがまを売るにはガス会社の認可がいる。ガス会社に売り込むとあかんという。ガスを燃やすと酸性の水滴がぽたぽた落ちるので、かまは銅でないといけないという先入観があった。アルミの弁当箱は梅干しで穴があいたので、酸に弱いというイメージがあった。銅製より耐久性があることを証明しないといけない。テストを繰り返した。資料を作って、九州の西部ガスに行って口説いたら、営業

証言 あの時

工場より先に研究所

元ノーリツ技術顧問　田村　淑さん

私も富塚先生の〝弟子〟の一人。太田さんはロマンチストで、新しいアイデアの大切さをよく理解していた。富塚先生は高齢になってもオートバイに乗り、東京から神戸まで遠出していた。こつこつ努力をする人で、しかも象牙《ぞうげ》の塔の人ではなかった。材料の性質を知り、モノを作ることができる人だった。二人の性格は合うところがあったのだろう。B29ではなく、日本の戦闘機のエンジンの技術をふろがまに使ったと記憶している。

課長が「よかばい」とひざをたたいて採用してくれた。熱心さにほだされたのでしょう。

――売れ行きは

九州から火の手があがった。ぴかぴかに光り、これまでのガスがまになかったデザイン。コンパクトで洗練された製品で三種の神器（テレビ、洗濯機、冷蔵庫）が普及した時代に、電気製品とマッチした。当時のふろがまが六〇〇〇円ぐらいだったのに倍以上の値段（希望小売価格は一万六五〇〇円）で売れた。九州は販売力が強いところだったから急速に伸びた。西部ガスも喜んでくれ、東邦、大阪、東京の各ガス会社にも認めてもらい、売れに売れた。独走だった。

――原動力は？

新しいものに挑戦する気持ちでしょう。富塚先生のアイデアを「面白い、どこにもない」と判断して、勝負をかけた。奇想天外な発想が良かった。ベンチャー企業は死に物狂いでやらないといけないが、人との

証言 あの時

強い販売力、高い性能

元西部ガス専務（当時営業課長）浜本隆さん

発足当初のノーリツの製品を認めたのはガスぶろを普及させたいガス会社の思いと一致するところがあったからだ。ガスぶろは何よりもガスをよく使う。ノーリツの販売力は本当に強かった。おかげでガスぶろの普及率が一時、東京や大阪より高くなったこともある。採用には多少、私の独断があったが、テストをしてみるとふろが早く沸き、性能が驚くほどいい。ノーリツの製品は画期的だった。富塚先生の名前も知っていて、先生の作ったものならきっといいものだろうと思っていた。

巡り合わせがチャンスになる。私はええ人に出会う。富塚先生もその一人だった。人への関心が強いのだろう。社員の顔を見ても忘れない。面白いと思ったら、その人を大事にしないといけない。

――また、危機が来るかもしれないが

若い人の挑戦する気持ちを引き出さないと、会社は活力を失ってしまう。ガスへの転換期を乗り越えたのはうちの財産。再び大きくエネルギーが変革する時期がくるだろう。その時にまた、命がけでやらないといけない。歴史をしっかり踏まえていけば、やれると思う。

材料にこだわり　新製品次々開発

村田製作所

名誉会長　村《むら》田《た》　昭《あきら》

大正十年生まれ

――独自製品にこだわり続けてきた。なぜか

病身だったので旧制中学を途中で断念し、家業の陶器工場を手伝い始めた。事業拡大を提案した時、おやじがひどいけんまくで怒ってね。「人さまの得意先を奪おうとすれば、値下げを要求され、自分も同業者も、もうからない。同業者に迷惑をかけることはするな」と。怖かったな。それで、他人ができない製品を目指すことにした。

――独自性を生み出すきっかけは

本屋をブラブラしたり、京都市立工業研究所に行ったりしながら、新しい焼き物はないかとあさっていた。そんな時、島津製作所から飛行機の速度を測るピート管の部品を作ってほしいと依頼がきて。ミリ単位の難しい仕事で、どこの陶器工場でも断られたという。これをこなすことで、新分野を開拓でき、大会社とも取引きできるようになった。

――順調な滑り出しだ

だが、二年後の一九四一年（昭和十六）に父が亡くなり、四三年には、政府の戦時政策で他の零細なところと企業合同することになった。この新会社に三菱電機から電波機器用の高周波絶縁物（ステアタイト）を作ってほしいと依頼がきたが、他のメンバーは「電子部品は畑が違う」としり込みする。それで独立した。ただ、サンプル品ができた時、すでに別の企業が手掛けることになっていて、私は「チタコン」（酸化チタン磁器コンデンサー）を開発することになった。

――知識や技術はどこから来るのか

専門家が頼り。終戦間もない四六年、知り合いの金型屋を通して京都大学工学部電気教室の阿部清教授や田中哲郎助教授に出会った。新しい焼き物につながる電子材料を研究されていたので、手伝わせてほしいと申し出た。その時貸してもらった本が『硝子の驚異』だ。ドイツの有名な光学機器メーカーの創始者が、大学教授の指導を得て、小さな町工場を世界企業に育てていく様子が描かれていた。産学協同の言葉もなかったころだが、「私もこの本のように、ご指導をいただけないか」と頼んだ。

――研究開発のテーマは何だったのか

「チタバリ」（チタン酸バリウム）だ。電気を蓄える力が驚異的に大きい。田中先生が研究を始められた四七年当時、その詳しい特性は知られておらず、どう応用できるかも未知数だった。私は先生に頼まれた通りに配合したチタバリを持って電気教室に通った。

――その成果は

最初にコンデンサーを開発した。その後、田中先生はチタバリの圧電特性に興味をもたれた。電気を加えると伸び縮みし、逆に振動を与えると電気を生じるというもので、魚群探知機用の振動子に利用しようとした。戦後の食糧難の時代だっただけに、田中先生の教え子で日本無線にいた藤島啓君がチタバリ振動子を使った魚群探知機を完成させた時には、話題を呼んだものだ。

——田中先生を中心に研究の輪が広がっていく

日本無線で魚群探知機の開発に携わった中島茂専務のお兄さんもまた、チタバリの実用化を支援してくださった。「チタバリは偉大な材料、京大と村田製作所だけで研究していては国家の損失」と自ら幹事役となって、実用化研究会を作り、大学や企業から一流の学者、研究者が集まった。

——社是の精神「技術の錬磨」の実践は?

わが社の歩み

世界有数の電子部品メーカーで、セラミック製コンデンサーは世界市場の五〇%、セラミック製フィルターは八〇%の市場占有率を誇る。セラミックコンデンサー・メーカーのエリー社（カナダ）を八〇年に買収。ドイツ、シンガポールの証券取引所にも株式を上場する。

創業時五人だった社員数も四千七百人にのぼり、グループ全体では二万四千人近い。売上高は二九七七億円（九九年三月期）。

「世界のムラタ」が一般に知られるようになったのは、九一年のテレビCM「村田製作所はなにをセイサクしているのだろう」から。最近では、ビデオカメラ用の圧電振動ジャイロの広告で、同ジャイロを搭載したリモコン自転車がなぜ倒れないのかと人気を呼んだ。

1950	資本金100万円で村田製作所を設立
55	村田技術研究所を設立
59	セラミックコンデンサー対米輸出開始
63	大証二部、京証に上場
69	完全週休2日実施
78	マイクロ波用フィルターを開発、自動車電話の実用化に貢献
89	位置測定の圧電振動ジャイロ開発
91	長男、泰隆氏に社長を譲り会長に
95	会長を退任し名誉会長に

証言 あの時

深い人間関係築く

元米国防総省次官（当時GMデルコ社生産管理部長）ロバート・D・コステロさん

五〇年代の後半、村田さんは私が研究していた強磁性材料、フェライトのことでカーチスライト研究所を訪ねて来られた。再会したのは十五年以上後で、デルコ社にいた時、部品の売り込みに来た。性能のいいラジオを作りたかったので採用したが、同業者まで紹介してくれた。日本企業の米市場開拓の功労者でもある。成功したのは、だれを信頼すべきか知っていて、そうした人と深い人間関係を築いたからでしょう。

五五年に独立採算性の研究所を設立した。電子顕微鏡など、当時の中小企業ではとても考えられないような最新設備をそろえ、阿部、田中先生を技術顧問に迎え、新進気鋭の若手が研究に没頭した。必要な電波だけを通す通信機用のフィルターの開発は、田中先生のアイデアでスタートした。研究費は湯水のように出ていったが、そのおかげで、チタバリの様々な電気特性を生かした製品を世に出すことができ、会社も成長した。

――「世界一」が口癖だとか？

五七年ニューヨークの見本市で、世界最高レベルの部品を見た時、これからは世界を相手にしないとダメだと思い知らされた。対米輸出に乗り出した当初はまったく相手にされず、悔しい思いをしたが、自国製品を優先して購入する政策をとっていたゼネラル・モーターズ（GM）社も、最後には、うちのセラミック・フィルターコンデンサーを評価してくれた。このころから世界で通用する技術、製品が目標となった。

――不思議な石ころ、セラミックスに魅せられ半生を過ごした

「良い製品は良い部品から、良い部品は良い材料から」と材料に興味をもったのがよかったのかもしれない。知りたいことがあり、知っていそうな人がいるとすぐ会いに行ってしまう性格も幸いした。ベンチャーというのは冒険心を持った人にしかできないもので、死に物狂いでやる時、何かが生まれてくる。熱意がすべてであり、努力する過程で素晴らしい人たちとの出会いが生まれる。

証言 あの時

研ぎ澄まされた感性

シャープ顧問（元副社長） 佐々木 正さん

前掛けをして、黙々とセラミックを焼いている村田さんの姿が今も忘れられない。京大の電気教室と親密な関係にあり、私も先生から村田さんの所で働かないかと言われたほどだ。結局神戸工業に行ったが、真空管を作る時に村田さんにステアタイトをお願いした。私が虚学の世界で生きてきたのに対し、村田さんのは実学だ。粘土屋さんじゃないかと思うのに、すごいと感じさせるものがあった。あるものを見たり聞いたりした時にピンとくる感性が研ぎ澄まされているのだ。

自社ブランドに事業発展かける

ジャストシステム

社長　浮《うき》川《がわ》和《かず》宣《のり》

昭和二十四年生まれ

――ワープロソフト「一太郎」の誕生は

八四年に最初の自社ブランドのワープロソフト「jX―WORD」を発売、翌年に「一太郎」を出した。それまではワープロソフトを相手先ブランドで作っていた。最初のころは相手先ブランドでも、それがビジネスのきっかけになればいいと思っていた。しかし、事業をさらに発展させるには何としても自社の名前でやっていかないといけないと感じた。

――自社ブランドにこだわった？

というより、直接、エンドユーザーに接触して、我々が作ったものがいいのか悪いのか、アピールする力を持ちたかった。技術的にはやっていける。社員は十五、六人ぐらいだったが、若いエンジニアは、私が考えている以上に会社の名前が出ないことに欲求不満を感じていた。迷いはあった。（供給先には）「明日から金が出ないよ」と言われたし。

――でも踏み切った

コンピューターは、いわば坂本竜馬のように世の中をどんどん変えていく。指をくわえて見ているだけでなく、鍬《くわ》を投げて、竜馬についていって、面白いことをやろうとした。私もその一団に入ろうと思った。それが私の人生で一番大きい決断だった。結局はすべて自分の責任。良くても悪くても人のせいにしたり、人に頼ったりするのはつまらん人生だ。自分のベストを尽くし、納得するならばいいと思った。若い社員は一気に元気になった。

わが社の歩み

パッケージソフトではマイクロソフトに次ぎ二位。浮川社長が愛媛大工学部の同級生だった妻の初子専務とともに徳島市で創業。初子専務の実家が最初の事務所だった。浮川社長が営業を、初子専務がプログラムの開発を担当し、オフィスコンピューターのシステムを販売した。社名は「お客さんにぴったり合う『これぞシステム』の意味」（浮川社長）という。

売上高は一六四億円（九九年三月期）、社員数は八百九十人。平均年齢は三十・四歳と若い。

売上高の約五割をワープロソフト「一太郎」が占め、累計出荷本数が千二百万本を突破した。九八年九月には文書の作成支援機能を強化した「一太郎9」を発売した。

1979	徳島市で創業
81	株式会社ジャストシステムを設立
83	NECのパソコン用ワープロソフト「JS－WORD」開発
84	自社ブランドの「jX－WORD」発売
85	「jX－WORD太郎」「一太郎」発売
87	徳島市に本社ビル完成
97	「一太郎」の累計出荷1000万本を達成

——何から始めたのか

ジャストシステムとして初めてコンピューター雑誌に広告を出した。営業マンは一人しかいない。私とその営業マンが販売店に持っていって見てもらう。東京・秋葉原や大阪・日本橋にも行った。その時に銀行から四〇〇〇万円借りた。ソフトの製造やパッケージの印刷に資金が必要だったからだ。借金は初めて。それまでは金が入るだけしか使えなかった。四か月ぐらいの返済計画を書いたら、銀行から「だいたい、昨年の年商が三〇〇〇万円だろう。三年から五年ぐらいの返済計画を書くもんだよ。書き直しなさい」と言われた。でも実際には三か月ぐらいで返した。

——自信を持っていた

あった、あった。製品が画期的なのだから売れると思った。仮名漢字変換がよかったし、二つの文章を同時に編集できたが、当時それができるのは我々のソフトだけだった。それもユーザーが求めたものを非常に少ないメモリーで実現していた。営業に回り、相手の要望を聞いて、こんなシステムを作ってと専務（妻の初子さん）に渡すのが私の仕事だった。客の立場に立って、こういうのがいい、これをみんなが望んでいるということがわかっていた。最初の自社ブランドソフトは「ゼロから始めて、三か月で店に並べる」と宣言していたが、その通りにできた。当時は優秀な技術者しかいなかった。優秀な人間が四、五人顔を突き合わしてやるというのは大変な集中力が発揮され、効率はすごくいい。

——なぜ「一太郎」の名前になったのか

桃太郎とか金太郎とかは、どこかが商標をとっているが、一太郎はない。日本語ワープロだからアルファベットの名前は気に入らない。名前のつけ方がすばらしいなあと思ったのは「ポカリスエット」なんだ。変わった名前だけど、一回聞いたら覚える。不思議なんだ。耳に気持ちよくスーッと入ったものはあんまり覚えない。ちょっと引っ掛かったほうが

証言 あの時

目の色変えて開発

妻でジャストシステム専務　浮川初子さん

必死になって開発した製品が自分たちの名前を持たずに世の中に出ていた時は、会社全体がやりきれない気持ちでいっぱいだった。特に、開発部門のメンバーの気持ちは自分も携わっていたのでよくわかっていた。しかし、会社を作った私と社長との間ではそれまでの収入源を断ち切るのにためらいがあった。自社ブランドで勝負すると決断すると、みんなの目の色が本当に変わった。ワープロソフトの開発は勢いに乗り、みんな寝るのを忘れて、無我夢中だった。

いい。一太郎もそうだ。

――「一太郎」が大ヒットしたのは

製品が良くて、ユーザーがいいといってくれないと駄目。需要があって、みんな欲しいと思う「乾いた砂」のような状態でないといけない。そこそこ使われていて、水で潤っていたらよほどのものでないかぎり売れない。もう一つは我々を担いでビジネスチャンスにしたいと思っていた人もいた。販売店やメーカーもビジネスソフトのベストセラーが出ることでパソコンを売れる。三つも四つも条件が重なっている。一太郎はラッキーだった。

――これからはどういう方向を目指すのか

ワープロは文章を書き記すためのものだったけれども、人間が物事を考える手助けをもっとしたい。変換機能をさらに賢くするとともに、こういう文章にしたらどうかと教えてくれる。また、インターネットに対応して、ワープロは協業のツールになる。一人で文章を作ることから抜け出して、みんなで共同

証言 あの時

完成の喜び伝わった

ジャストシステム取締役（当時ソフトバンク社員）喜屋武博樹さん

当時、ソフトの流通会社で仕入れを担当していた。ワープロソフトを紙袋に入れて、浮川夫妻が「できました」とやって来たのが印象に残っている。社長は背広、専務は赤い服を着ていた。朝一番に持っていくために前日は近くのホテルに泊まったといい、完成した喜びが伝わってきた。こちらが「売らせてほしい」と出向く立場で、そこまでする人はなかなかいなかった。浮川社長には何となくひかれていた。共鳴するものがあったのだろう。

で作業をする。そういう発展の仕方をするのはワープロしかない。経営上の問題とか、あるテーマについて考えるのもワープロが中心、言葉が中心だ。人間が考えをまとめていくツールにしていきたい。いいものを作って、コンピューターでこんなことができるのかといつも拍手喝さいを浴びるような会社でいたい。

音楽、機械に興味 電子楽器を仕事に

ローランド

会長 梯《かけはし》 郁《いく》太《た》郎《ろう》
昭和五年生まれ

――最初の〝コンピューター楽器〟は？

七七年に世界で初めてマイクロコンピューターを内蔵した楽器「MC―8」を出したが、これがローランドにとって岐路になったと思う。当時作っていたシンセサイザーは壁一面ほどの大きさがありながら、一音しか出ない。一二〇万円で売り出した「MC―8」はシンセサイザーにつないで自動演奏ができる。手の代わりにコンピューターに弾かせたらどうなるかという発想だ。八つの音が同時に鳴る。すぐに作曲家の冨田勲さんが買ってくれた。コンピューターのことがわかる四、五人の技術者が中心になり、苦労して開発した。

――これで会社の進むべき道が定まった

いや、先端技術ばかり追いかけていると会社がつぶれるというのがわかった。本当だ。自分の好きなものばかり作るというのは欠点でもある。まだまだコンピューターでできることは限られている時代だった。夢は大切だが、売れなきゃ会社はつぶれる。ベンチャー企業の成功の確率が低い理由はそういうところにあると思う。「MC―8」は音楽を変えると大きな反響があったが、売れたのはトップの演奏家ばかりで百台ほど。世界でだ。名声は出ても、経営はできない。自分の好きなものだけでなく、お客さんも好きなものを作らなあかん。当たり前やけど、気がつくのは大変なことだ。

――コンピューター化は危機もはらんだ

そう。売れるものを出そうと翌年販売したのが、好みのリズムパターンを出せるリズムマシン（一一万円）。自分の思い通りにできるようにプログラムをつけた。オルガンの好きな人にはよく売れ、コンピューターを応用した成功例になった。

――機械、そして音楽との出合いは

小さい時から機械少年だった。高校を出て、結核で療養所に入り、朝から晩までラジオでジャズ、クラシックを片っ端から聞いていた。寝ているしかないから、嫌でも音楽が好きになる。その後、電器屋をしていて、教会の電子オルガンの修理をしたのが電子楽器を始める大きなきっかけになった。日ごろラジオなどで使っている真空管で音楽を作ることができるというのはカルチャーショックだった。電器屋は音楽のことにあまり詳しくない。楽器屋は電気のことがわからない。私なら電子楽器というものが仕事になるんじゃないかと思った。

――コンピューターも自分で作る

七六年の末ごろからメモリーのチップなどを日本橋で買ってきて、手作りのコンピューターを作った。自宅にはオルガンとコンピューターしかない八畳の作業場がある。毎日四、五時間こもって、配線図も自分で書き、はんだ付けをした。アップルをまねて、ふざけて「ウリフタツ」と名づけたりしていた。ひょっとしたら、コンピューターというのはいろいろな技術を変えてしまうなと漠然と感じた。当時の性能は大したことはない。しかし、見たところなんでもない小さなチップが大きな働きをする。メモリー、プログラムを変えることでどんどん機能も変わっていく。何とか楽器の業界で使えたらなあと考えた。

――コンピューターを手作りした経験が役立った

自分でやってみないと技術屋のいうことがわからない。まちごうたところにいかれたらしまいでしょ。体感すると、いろいろなアイデアが頭の中に定着していく。

――コンピューターで楽器はどう変わったのか

わが社の歩み

電子楽器専門で、売上高は三五五億円（九九年三月）、従業員は八百四十五人。海外に二十四のグループ会社がある。

梯会長は六〇年に電子オルガン、ギターアンプなどを製造するエース電子工業を設立。しかし、共同出資の相手が大手化学メーカーの傘下に入ったことから、経営方針などで対立、七二年に退社し、ローランドを設立した。

電子ピアノ、電子オルガン、シンセサイザーなどのほか、パソコンを使って音楽を楽しむ「デスク・トップ・ミュージック」（ＤＴＭ）関連のソフト開発にも力を入れている。九六年、米マイクロソフトに音色のデジタルデータを供給、ソフトに組み込まれれば世界標準になると期待している。

1972 ローランドを設立
73 シンセサイザーを開発
静岡県浜松市に浜松工場を開設
77 ギターシンセサイザーを開発
「MC―8」発売
88 米オルガンメーカー、ロジャース社を買収
89 大証二部に上場
95 梯氏、会長に就任
96 ローランド・ヨーロッパ、ミラノ証券取引所に上場

証言 あの時

信頼感ある競争相手

ローランド常務（当時松下電器産業無線研究所機器第三研究室長）大村益雄さん

「MC—8」ができた時、梯さんに「あんたとこで本当にやったのか」と尋ねた。どこか他の会社の技術を持ってきたのだと思った。コンピューターの高度な知識が必要だったからだ。「うちでやった」と聞いて、驚いた。大きな会社ではなかったが、先端の技術に挑戦しているところに見えた。梯さんは競争相手でありながら友達付き合いもしていた。信頼感もあり、一緒に仕事をしたいという気持ちを持っていた。

性能が抜群に上がった。そろばんと電卓以上の差がある。うちの製品のほとんどにコンピューターが使われ、安い値段でたくさんの人に買ってもらえるようになった。楽器の訓練をする機会を逸した人でも、腕前に合わせて、ゆっくり弾けば演奏できる。それをコンピューターに保存し、あとで時間を縮めて、演奏すればいい。だから音楽好きの人はだれでも演奏できる可能性を持っている。だが、コンピューターは楽器の部品の一つにすぎない。例えば、同じ木の板を使うが、大工には楽器を作れない。そうでなければコンピューターメーカーが一番強い楽器メーカーにならないとおかしい。

——どんな会社に

世界中の音楽の好きな人を集めてこれからもサポートしていく。楽器を買ってくれる人は実は数少ない。国内だけでなく最初からパイを大きくして世界中の人を相手にしなければ、仕事がなりたたなかった。コンピューターで自動演奏させる分野ができ、さら

証言 あの時

開拓精神に共通点

作曲家　冨田　勲さん

一九七二年ごろ、シンセサイザーを開発したアメリカのモーグ社に行った時、私より先にカケハシという熱心な日本人がやってきたという話を聞いた。その後、日本のメーカーが調律がしやすく、しかも値段の安いシンセサイザーを作るようになった。世界に広めたのは日本メーカーの貢献だろう。シンセサイザーの文化を作ったのは日本で、いわば「和製楽器」だと思っている。梯会長も私も機械いじりが好きだ。世の中にないものを出してやろうという開拓精神も共通しているのかもしれない。

に音楽に映像も加わってきている。二十一世紀に向けてやることはいっぱいある。しかし、楽器というのは売り上げを伸ばして、会社を大きくしようとしたら失敗する。いいものを作ったので会社が伸びた、という方向を目指さないと。その因果関係は微妙で、結果として同じように見えるけれど、実は大変な差がある。経営者の心構えとして大切なことだ。

「おもしろおかしく」排ガス測定器開発

堀場製作所
会長　堀《ほり》場《ば》雅《まさ》夫《お》
大正十三年生まれ

―――三度、転機があった

人生は思うようにいかない。私の転機は全部強いられたものだ。最初の転機は終戦。日本から核関連の実験設備が一掃されることになり、原子核物理の研究者になる夢が破れた。当時私は京大理学部の三回生。興味があったのは実験物理だし、理論物理に転身するには手遅れだ。それで、一九四五年の秋に堀場無線研究所を作った。とりあえず食べていかなくてはいけない。

―――研究どころではなかった？

最初はラジオや停電灯を作って日銭を稼いでいたが、部品が製品のよしあしを握っていることに気づいた。特にコンデンサーは、勘に頼って作っているので信頼性が低い。それで京大工学部の西朋太助教授らの指導を仰ぎ、開発に乗り出した。試作品を松下電器産業や日立製作所に持ち込んだら、いくらでも買ってやると言う。工場建設を決意した。

――スポンサー探しは

出資者を求めて駆け回っているうちに、大阪の電気蓄音機用モーター会社の社長が「これはいける」と出資を約束してくれた。しかし工場の設計を終えて、さあこれからという時に朝鮮戦争がぼっ発。激しいインフレで工場建設費は三倍に跳ね上がった。その社長さんも投げ出し、再び夢は散った。五〇年。これが二度目の転機だ。

――二度の挫折後は

わが社の歩み

国内最大の総合測定機器メーカー。早くから海外展開を進め、アメリカ、ドイツ、シンガポールなど十か国に拠点を持つ。社員数は約千百人。一九九九年三月期の売上高は三〇七億円、経常利益は一八億円。

「利益の分配が公平であることが、『おもしろおかしく』仕事をするための原点」との堀場会長の考えから七八年、社員の給与、配当、役員報酬を利益をもとに算定する式を決め、公表した。この年、社員の福利厚生部門も別会社化した。限られた原資を有効に利用し、社員にサービスを行うのが狙いという。

メリハリある人生をと、八六年からは、第一金曜日を全社一斉に休む一部週休三日制も導入している。

1950 国産初のPHメーターを開発
53 株式会社堀場製作所を設立
64 自動車排ガス測定装置を開発
71 大証二部、京証に上場
74 東証上場
日本企業で初めて配当性向を公約
78 堀場氏、会長就任
全社員出資の福利厚生事業会社を設立
86 一部週休三日制の導入
92 長男厚氏、社長就任
97 フランスの分析機器メーカー、インスツルメンツ社を買収

コンデンサーの開発で借金一〇〇万円が残っていた。それで、コンデンサーを作るために開発したPH(ペーハー)メーターを売り出すことにした。当時PHメーターはアメリカ製しかなかったので、精度のよい国産品を、と考えた。父が親しい経済人らにポケットマネーを出してもらった。今でいうベンチャーキャピタル。絶対逃げられないとの覚悟があった。

――その後、事業は

母校から優秀な技術者を採用し、順風そのものだったが、数年後、社員が反乱しかけた。聞くと、大企業にいった同級生は、課長になり、博士号を取得している。わが社には課もなければ、博士論文をとるために研究させる余裕もない。とりあえず、名刺に課長の肩書を書かせたが、博士はそうはいかない。それで「博士論文になりそうな仕事をしよう。私もやるから」と呼びかけた。

――社員はやる気になったか

最初、半信半疑だった。私が論文が書けそうな仕事を取ってきて、ある社員にやらせたところ、見事に博士号を取った。理学博士、工学博士と相次いで、社員は落ち着いた。だが、言い出した手前、私も論文を書かなければならない。理学博士は大学の後輩に先を越されている。そこで、血液解析のテーマで、医学博士を目指すことにした。

――これが三度目の転機になった

それまで森羅万象は、理論で説明できると考えていた。ところが、医学を学び、人間のすごさを発見した。目一つとっても自動焦点、自動絞り。生命の神秘は理論を超える。私の人生観は完全にくつがえった。せっかく素晴らしい人間に生まれたのだから、楽しく愉快な人生を送りたい、社員や家族が、生の喜びを味わえる経営をしたい、との思いを強くした。

――「おもしろおかしく」はここが原点?

社是はもともと大嫌い。でも、上場時に証券取引所で、社是で会社の姿勢がわかる、と指摘された。

証言 あの時

「風変わり」の印象

京都大名誉教授（当時助教授）西　朋太さん

研究仲間が堀場さんを知っていて、「電解コンデンサーを作るのに、気をつけるべき点を見てやってくれないか」と頼んできた。大学に残らず、大企業にも就職しないとは、風変わりな若者だと思ったが、物理化学を教えてもらった堀場信吉先生の長男でもあり、お手伝いすることにした。堀場先生は学者にならなかった息子さんが随分気がかりだったようだ。私の先生と懇意だったので、「不肖の息子がＰＨメーターを作りたがっている」と相談に来られたりしていた。

それで考えたのが「おもしろおかしく」だった。ワンマン社長の提案だから、役員も折れるだろうと思っていたのに、役員会では猛反対にあった。結局、五十三歳で社長を退任する時に、社是として承認してもらった。

――面白く仕事をすると、どんなプラスが

六〇年代、大気汚染が問題になった時、通産省から、車の排ガス測定装置を作れないか、との打診があった。私は、医学用の精密な分析計を、汚い排ガスに使うことに抵抗があり反対した。ある日、工場にいくと、見慣れない機械が置いてある。二代目社長になった大浦政弘君（故人）が率いる若手が私に隠れて装置の研究開発を進めていた。「懲罰か減給だ」とどなりつけたが、「社会への責任がある。なんとかやりたい。絶対売ってみせますから」と引き下がらない。この排ガス測定装置は今やわが社の主力事業だ。彼らは面白いから、私に隠れてまでやっていたと思う。

証言 あの時

正直で学者のよう

東海銀行名誉会長（当時京都支店長）
加藤隆一さん

ちょうど非繊維分野の企業と取引を拡大したかった時で「取引をやめられてはかなわん」と、社長に会いに行った。正直な方でまるで学者のよう。信用できると思った。担当者に融資の申請書を書くよう指示したら、震えてよう書きよらん。本店審査部も、キャンキャン電話をしてくる。「反対しているのはだれだ。おれが行って話をつける」と叫んだ。結局、審査は下りた。いつでもどうぞと言ったら、堀場さんは本当にびっくりしていた。

――ベンチャーとしての苦労は

まず金策。東海銀行が主力になったのも、資金調達ができずに困っていた時、赴任してきたばかりの加藤隆一・京都支店長（その後頭取）が、権限をはるかに上回る五〇〇〇万円を担保なしで用意してくれたから。次に企業の格。車の排ガス測定装置を開発した時も、日本の大手自動車メーカーには門前払いをされた。仕方なく米国のビッグ3に売り込みに行くと、会社の経歴書を持ってこい、なんて言わず「いい商品だ」と買ってくれた。日本で企業を起こすのは本当に大変だよ。

繊維ビジネスに情報通信で風穴

サンリット産業

社長　小《こ》池《いけ》俊《しゅん》二《じ》

昭和五年生まれ

――脱サラだそうで？

サラリーマンとして機械の仕事を十三年間やった。工業用ミシンの第一号機からかかわり、国内販売網を築いたり、不良債権の処理などで全国をかけずり回ったり。当時、五百～六百人の部下もいた。そうなると、白紙の状態で自分にどれだけの腕があるか、試したくなる。サラリーマンでなく、なじみ深い東京という土地を離れ、機械以外の分野の仕事を、と考えた。三十五歳だった。

――繊維産業との出合いは？

脱サラして、最初は威勢よかったが、これをやる、と決めてたわけじゃないから、だんだん食い詰めてくる。東京には、妻と五歳の長男、生まれたばかりの双子を残したまま。そんな時、合繊メーカーに勤めていた大学時代の親友が「この素材で何かできないか」と声を掛けてくれた。

――合繊スーツの誕生につながる

それまでユニホームは、作業服というか、ジャンパーみたいなものだった。背広をユニホームにすれば、その会社のステータス（地位）が上がる、と思い、ブレザーを開発した。スーツ素材はウール全盛で、合繊といえばシャツや靴下だけに使われ、重衣料の例はなかった。でも、合繊は実用的だし、軽いし、洗濯も楽だ。価格も安く、大量生産できるなどメリットがたくさんあった。

――ユニホームにした利点は？

商売するなら「返品を受け取らない」「見切り販売をしない」「代金は全額回収する」が三原則だ。この三原則を徹底するにはユニホームだ、と思った。商品は縫製を委託し、繊維の流通を何も知らない強さで、効率を考えて、全農や国鉄など大手から攻めた。時代が「同一化」を求めていたことも追い風だった。

――創業後の転機は

コンピューター化の決断だろう。あれがなければ、今、何もできていないはずだ。商売の三原則を実現するために、コンピューター化は必然だった。小売店からの問い合わせや注文に対して、その時点の在庫をきっちり回答しなくてはならない。七七年からテレックスとオフコンで簡単なシステムは作っていたが、データ処理は遅いし、夜に一括してやる方式。問い合わせのあった商品が、その瞬間に売れてしまっているかどうか、わからない。

――コンピューター化が進展するきっかけは？

八二年の第二次通信回線の開放が大きなポイントだ。それまで中小企業グループは、付加価値通信網（VAN）の回線を共同利用できなかった。従来なら全国の支店などを結んだネットワークを作るとすると、何百億円かかるかわからなかった。この開放を待ち受けていた。ただ、社員皆がコンピューターに詳しかったわけではない。必要だと思ったから、トップダウンで指示し、部下に企画させた。キーボードに慣れるため、私もあわてて、ワープロ教室に通ったくらいだ。

――本格的スタートはいつ

約二年の準備を経て、サンリット・アパレルＶＡＮとして、八四年にスタートした。協力工場や全国の販売店を結び、ＶＡＮ業者の協力を得て、ＮＥＣのホストコンピューターを使うことにした。それまでのうちのオフコンは全部捨てた。広域、即時、双方向を目指した。当時、中小企業にしては画期的で、経済の低迷に悩む米国からゼネラル・エレクトリッ

わが社の歩み

ユニホームとスーツのメーカー。小池氏が東京重機工業（現ＪＵＫＩ）の関連販売会社、ジューキ常務から脱サラ。紳士服メーカーの集まる大阪・谷町筋に設立した。

七八年には、中国・大連でスーツの委託加工生産を開始、八二年には、中国の登録商標第一号となった「三利得」を取得している。

シャツの胸ポケットの中に、もう一つの縦長のポケットを作り、ペンやクシを入れられる「ペンＷポケ」など、実用新案も持つ。

九八年九月期の売上高は七一億円、経常利益は一億円と前期比横ばいの見込み。小池社長以外には、役付き役員は置かず取締役五人だけ。社員四百人。小池氏は九六年から大阪商工会議所の副会頭を務めている。

1966　資本金450万円で大阪市で創業
72　東京支店を開設
76　構造改善事業計画が業界のトップをきって承認される
81　アパレルVANによるトータル情報ネットワーク構築計画に着手
84　サンリット・アパレルVAN始動
94　QR情報化事業実施組織「サンリットQR推進グループ」を結成
97　電子カタログ実用化、実験開始
98　三次元バーチャル仮縫いシステム開発

証言 あの時

通信開放の意義理解

日本電気情報サービス常務（当時VAN推進部長）内藤義輝さん

VANの仕掛けを一緒に手掛けた。小池社長はよく勉強しているし、アイデアマンだ。通信開放の意義をすばやく理解して、その方向を見極めていた。技術的には我々がいろいろ提案したが、小池社長は「情報は第四の経営資源」と認識し、工場から販売店まで、情報を一貫してやり取りしようとしていた。当時の経営哲学は今のマルチメディアブームの目指すものと同じ。サンリットについてVANの成功事例としてビデオ教材を作ったほどだ。

ク（GE）の副社長が見学したり、米経済誌「フォーチュン」が取材に来たりした。当時で一億円くらいかかる、非常に大きな投資だった。しかし、やらなくては、とパイオニアとしての自負で乗り切った。繊維工業構造改善臨時措置法に基づく、構造改善事業に取り組む中で、繊維産業全体を改革しなくては、という思いもあった。ただ、VANを作っても、得意先にコンピューターがないなど、急には進まなかった。しかし、今、繊維業界が必死に取り組んでいる、製造から販売まで無駄をなくす、クイック・レスポンス（QR）の思想をすでに持っていたといえる。

――それが電子カタログなどを生み出す

電子カタログは（通産省が音頭をとって進める）QR事業の一つとしてソフト開発した。小売店の店先で、お客さんが、簡単なデザインをしたり、素材を選んだりできる。価格を見積もり、発注も可能だ。その注文は、すばやく工場に送られる。分厚い見本帳もいらず、CD―ROMの一枚の半分くらいで済む。

――日本の繊維産業の環境は良くない

本当に苦労している。だが、捨てたもんじゃない。アメリカの産業が復活したように、いつか世界に雄飛すると信じている。今、試練の時期だ。当社も中国、インドネシア、ベトナムと海外展開を進めながらも、国内七工場を維持している。創業以来赤字になったことはないが、今、一番苦戦している。緊張感がある。繊維産業の改革はなかなか進まない。うちの改革はいつもちょっと早過ぎる。私は、人がやってるから、と始めたことは皆無に近い。未踏の分野だけに、労多くして、という感じはあるが。

証言 あの時

ワンマン、熱血、論客

JUKI取締役　近藤繁樹さん

小池社長は、三十代で当社の工業用ミシン営業部長になった。当時からワンマンだったと語り草になっているし、熱血漢だ。アパレル機器をサンリットに販売する仕事などを通じて、知り合い、懇意にしていただいた。小池社長は、工業用ミシンという、アパレル製造業の機器設備を世界的に調達し、産業を復興に導いた先駆者といえる。また、政府の構造改善事業などを通じて、論客としても、産業と国との関係を上手に築いてこられた方だ。

一瞬のひらめき 世界的な発明に

オルファ

相談役 岡《おか》田《だ》三《さぶ》朗《ろう》

昭和九年生まれ

——発明の源はガラス片とチョコレートだとか

兄の岡田良男・前社長（故人）が発明したものだが、紙のように薄いものを切るには、切っ先だけが常に鋭ければ良い。それなら包丁のように研いで使うのではなく、切っ先だけ交換できれば便利だ、と。昔の職人はちょっとした物を切ったり、切り込み線を入れるのに、ガラスの破片を使うことがあった。割った断面は常に鋭いからね。それに板チョコをパリッと割る映像が重なったんだろうな。ある日、小さな印刷所で酒のラベルのデザイナーをしていた私の所へ「こんな物はどうだろう、売れるのではないか」と、アイデアを持ってきた。デザイナー用に便利だとは思ったが、まさかそれが世界的な発明の瞬間だったとは、その時は夢にも思わなかった。後年、悩み抜いて発明したように思われることが多かったが、あれは、一瞬のひらめきだ。ただ、もっと便利なナイフがないか、常に心の中にあったんだろう。そうでなければ板チョコでひらめくことはできなかっただろうと思う。

——当時、兄弟はどういう状況に?

二人とも大阪市内の別々の印刷所で働いていたんだが、下にあと二人弟がいたし、とにかくお金が欲しかった。当時、私は転写紙というのを、デザインの道具として転用していた。これは和紙の片面に湿ったのりを塗り、印刷の版作りに使うものだ。兄にその話をすると、それはデザイナー相手の商売になる、

わが社の歩み

刃先をポキポキと折って使い捨てることで、最後まで切れ味の良さを確保する「折る刃」式カッターナイフを発明。特許の期限が切れた現在でも業界一位の座を譲らず、九八年十二月期の売上高は四七億円。欧米を始め、東南アジア、中東など世界各国に輸出し、売上高に占める輸出の割合は約四八%。社名の由来も「折る刃」からだが、フランス語圏などでは「OLHA」が「オルア」と読まれてしまうことから「F」にしたという。

「健康な会社」がモットー。バブル期にも「一本一〇〇円で勝負している営業マンの士気を落とす」(岡田良男・前社長)と投機に手を出さず、三十年の歴史の中で減収になったのは一年だけという堅実ぶり。

1956	岡田良男・前社長が「折る刃」式カッターナイフを発明
59	良男氏、岡田商会を設立
60	良男氏、日本転写紙(現エヌティー)金属事業部嘱託となる
67	四兄弟で岡田工業設立
68	輸出業務開始
84	現在の社名に変更 生産部門を分離し、新たに岡田工業設立
90	良男氏死去、弟の四郎氏、社長に就任

と。それで転写紙を仕入れて少し加工したものを、仰々しく「スワン・ペーパー」という名前で売り歩いた。たまに「おい、これ転写紙やないんか」なんて言われると、「とんでもない」って、冷や汗かきながら（笑）。いい加減といえば、いい加減な商売だが、それで稼いだ金を「折る刃」式カッターナイフの製作資金にしたわけだから、スワン・ペーパーはある意味で生みの親ともいえる。

――製作までの苦労を

思いついたところまではいいが、作るのが大変だった。町工場に頼みにいっても、切れ目のついた刃物鋼など職人さんは作ったことがないし、こちらも商売上の信用がない。やっと大阪・鶴橋にあった金物工場で、三千本を引き受けてもらった。工場といっても自宅兼で、家族だけがやっているような小さな所。一本ずつの手作りだから、寸法が微妙に違い、さやに収まらない物もあった。今で言えば欠陥商品だが、当時は作ってくれるだけでもありがたかったから、そんなことに文句は言っていられない。兄が借りていた長屋の二階で、一本ずつ点検しては、やすりで削って矯正をかけていた。私も手伝いに行ったが、印刷所の仕事も続けながらだから、つい疲れて眠ってしまうんだ。その長屋というのが傾いていてね、寝ている間に部屋の隅まで転がっていたなんてこともあったなあ……。

――販売も四苦八苦した？

やはり「発明」というものの力強さなんだろう。一度、店頭に並びだしたら、順調に売れだした。ある日、私の勤めていた印刷所に、行商人が「ドイツ製の新型ナイフ」だと言ってそのカッターナイフを売りに来た。随分高値だったなあ……。人のことは言えないが、いい加減なもんだ（笑）。でも、うれしかった。そういうたい文句でも売れるほど良い商品なんだと、誇らしかったよ。それでも当時は、プロ用の商品ぐらいにしか考えておらず、まさか世界中の家庭で愛用されるとは思いもよらなかった。

証言 あの時

刃物に一家言持つ人

日本金属相談役（当時取締役技術研究所長）福田健二さん

兄弟で会社を起こす数年前に切れ目のついた刃物の製作を当社に依頼された。刃物のアイデア商品というのは失敗する例が圧倒的に多く、その時もそんなキワモノのたぐいではと、正直気乗りしなかった。前社長が「人が何かを人に分けたり、もらう時は必ず刃物を使う。人がいる限り需要は切れない」と、刃物には一家言を持つ人だったから、引き受けた。切れ目をちょうどよい深さにするのに実験を繰り返し、量産までは三年ぐらいかかった。

売れるようにはなったが、手持ち資金が底をついてきたので、一九六三年に転写紙の仕入れ先だった日本転写紙（現エヌティー）と特許の共有契約をして、金を引っ張ったんだ。今は第三次ベンチャーブームとかで、特許を担保に資金集めをする動きが出だしているが、我々は三十年以上も前にそれをやったということになる。

——間もなくたもとを分かつ

うーん、必ずしも円満な別れ方ではなかったが、特許を共有した当時はお互いを必要としていた。エヌティーさんの資金提供がなかったら我々も干上がっていた。それから下の弟も加えて四兄弟で今の会社を起こしたんだ。兄は営業、弟の四郎（現社長）は経営管理など、それぞれの得意分野を担当して。一抹の不安がないと言えばうそになるんだが、それが、設立後数年して、アメリカの巨大文具メーカーが「折る刃」式カッターナイフをそっくりまねた商品を出したんだ。彼らがやるからには、相当なマーケ

証言 あの時

直談判で代理店契約

カナダ、米国の総代理店の前社長ウォルター・アブシルさん

六九年にモントリオールの文具見本市で初めて「折る刃」式カッターを見た時、私が扱っていたホチキスと同様に、替え刃の需要があるという点で、途方もない市場性を感じた。カナダに輸入していた会社から仕入れたところ飛ぶように売れたため、翌年に日本で岡田良男社長（当時）に直談判して、カナダでの代理店契約にこぎつけた。オルファ製品しか扱わなかったが、文具店や材木店など幅広い産業に受け入れられ、大きなビジネスになった。

ティング調査をしているはずで、その結果「GO」となったんだから、やはり我々は間違っていないんだと。初めて自信が確信に変わった。思い切った設備投資ができるようになったのは、それからだ。今では、互換性の問題があるから、世界中のメーカーも、刃の寸法から切れ目の角度まで、当社に合わせて作らざるを得ない。一瞬のひらめきと、あきらめずに製作にこぎつけた執念が、当社に「世界基準」という栄誉をもたらしたんだ。

ブームに浮かれず 業務用ゲーム開発

カプコン

社長 辻《つじ》本《もと》憲《けん》三《ぞう》

昭和十五年生まれ

――七転び八起きの起業家人生。なぜゲームに

親戚の食品問屋を手伝っていたが、二十三歳の時に独立。大阪に出て食品の小売りをやっている時、店先に置いた綿菓子機に子供が百人くらい列をなしている。こういうビジネスがあるんだ、と気づき、ゲーム機のレンタル業に乗り出した。人の集まりそうなところに、ピンボールやジュークボックスなどを並べて歩いた。

――転業に戸惑いはなかった?

自動販売機のようなキャッシュボックスには以前から興味があった。注文、配達、集金、返品といった手間がかからないから。むしろ、社会的に認知されていないのが困った。会社組織でやらないとダメだと思い、七四年に法人化した。当時の社名はアイ・

ピー・エムで、後にアイレムに変更した。

——インベーダーゲームも手掛けた？

石川県の家電メーカーに頼んでうちのブランドで作ってもらったが、ブームの最中はすごかった。怖い人が「一億円キャッシュで用意したから明日機器を持って来い」と言ってきたり、国会議員が頼み込んできたり。でもコピー商品がすさまじい勢いで出回り、ブームはあっけなく終わった。フル生産していたから大量の在庫を抱えてしまって。アメリカなどに売り込み、約三年かけて在庫は一掃したが、一緒にやってきた家電メーカーの方が対外的な信用もあったからそちらにお任せして、私は一から出直すことにした。

——厳しい転機だ

半年くらい家でぶらぶら。毎日パチンコ店に通っていた。そんな時、インベーダーゲームで縁のあったタイトーのオーナー、ミハイル・コーガンさんから、突然、東京に出てこいと連絡があって。ホテルでフランス料理をごちそうになっていると「あんたもうこの業界で商売やらんのか。二〇億円くらいなら用意してあげるよ」って。でも、返事もせずにほうっておいた。

——チャンスなのに

何をすればいいのかまだ具体的に見えていなかった。三か月後、再び「どないしたんや、やるんか、やらんのか」と連絡があった。そのころには、ゲームを開発する側にならなければと決心していたので、コンピューターの購入費用として五〇〇〇万円を借りた。翌年コーガンさんが亡くなり、タイトーからの要請で全額返済したが、挫折している時に物心ともに支えていただけて、本当にうれしかった。それまで、個人的な付き合いはなかったのに。気にかけてもらえたのは、インベーダーゲームの時に、きちんとロイヤリティーを払っていたからかなあ。

——なぜ開発に

失敗した原因を考えたからだ。同じ業界でも川下にいると、川上の汚い水が流されてくる。だから、川下の流通だけでなく、川上の開発から取り扱うべきだと。それで業務用ゲームを開発するカプコンを八三年に設立した。一年後には業務用テレビゲーム「バルガス」が誕生、大きな課題に挑戦してかえっていい結果になった。

——家庭用ゲームへの参入は遅かった

ファミコンブームに踊っても仕方がない。ゲームの将来を考えるなら、高い技術力が要求される業務用ハードの開発が先決だと思った。ソフトの良しあしも、業務用はテストができる。本格販売の前に、ゲームセンターなどに置いて、お客さんの反応を見

わが社の歩み

業務用の人気ゲームを家庭用に移植することで急成長を遂げた。「ストリートファイター」シリーズは、全世界で二千三百万本を売り上げる大ヒットとなり、ハリウッドでの映画化も実現した。

ただ、ゲーム業界に身を置くだけに業績の浮き沈みは激しい。九四年三月期に売上高八四四億円、経常利益一四四億円と最高を記録しながら、翌年は大幅ダウン。家庭用32ビット機への乗り遅れや乱売による米市場での収益低下が原因。九九年三月期は、大型ソフトと期待する「DINO CRISIS（ディノクライシス）」の投入が遅れ、五年ぶりに減収減益となった。希望退職を募る一方で、全社員九百十人を対象にした年俸制を導入している。

辻本氏は九七年四月からコンピュータソフトウェア著作権協会の理事長。

1983	カプコンを大阪市平野区に設立
85	任天堂とファミコン用ソフトの開発契約を締結、カプコンUSAを設立
90	店頭公開
91	業務用テレビゲーム「ストリートファイター2」を発売
92	スーパーファミコン用ソフト「ストリートファイター2」が大ヒット
93	大証二部に上場
94	本社を大阪市中央区に移転
96	プレイステーション用ソフト「バイオハザード」が大ヒット

証言 あの時

市場健全化の思い強く

アミューズメント通信社社長　赤木真澄さん

六八年ごろ、「ゲーム機の開発をやりたい、なにか資料がないか」と来られた。そのころのゲーム業者には、将来をにらみ積極的に事業をする人がほとんどいなかったから、変わった人だと感じた。市場そのものを大きくしたい、健全化したいという思いが強かったようだ。著作権のような問題がおこれば、関係者を集めてルールを作ってしまうような人で、目先でもうけられるなら何でも、という感じがまったくなかった。若いころから視野が広く、粘り強かった。

るんだ。家庭用より当たり外れが読みやすい。駄目なら手直しすればいい。業務用でヒットしたものを家庭用に移植することで、あるレベル以上のゲームを安定的に供給でき、業績も伸びた。

――創業十年で上場。しかし、反動も大きい

九四年ごろ、スーパーファミコンの最大市場、アメリカでソフトがはんらんし、値崩れが起きた。業界全体が低迷したとはいえ、わが社の組織も水膨れ状態になっていた。それで社内改革に乗り出した。何億円もかけ、コンサルタントも社内に入れて徹底的に洗い直した。おかげで社員一人一人に、自分が何をやって利益を出さなくてはいけないかという明確な意識が出てきたと思う。わが社に合わなかった人には転職支援金も出した。この改革にはほぼメドがついた。うれしいね。次に向けたベースができたわけだから。

――新体制で目指すものは

まず、ゲームセンター。来る人が減っている。だ

証言 あの時

業績不振でも明るさ

ゲーム問屋ユウビス（大阪府東大阪市）社長　川楠俊太郎さん

「辻本、何考えとんねん、間違ってるぞ」と思って会いに行くのに、別れる時には「そうや、お前の言うとおりや」と納得してしまう。インベーダーゲームで社長を辞めるのに反対したら「いすわって、会社がつぶれたらどうするんや。困るのは社員やで」と逆に教えられた。上場後の業績不振で自社ビルを手放した時も「業務に支障はない。いつでも買い戻せるし」とくよくよしない。どんな時も明るいのは、ずっと先を見ているからかなあ。

れもが楽しめるものに変える必要がある。それに、家庭用ゲームのファンをもっと広げたい。ゲームはあってもなくてもいいものだけれど、シミュレーションのようなゲームはビジネスで大いに役に立つ。ビジネスとゲームが融合したようなものを作りたい。最近ではたまごっち、プリクラなどがはやったが、価値観の変化や技術革新がその背景にあると思う。この業界は目まぐるしく変化している。すばやく適応するためにも、ずっと先をにらんでおくことが必要なんだ。

コンピューターの時代見込み大増産

日本電産

社長　永《なが》守《もり》重《しげ》信《のぶ》

昭和十九年生まれ

――二十八歳の若さで会社を起こした

三十五歳まで勤め、二〇〇〇万円ためて独立する計画だった。ところが、七三年の石油ショック。社会が大混乱している。チャンスやと思ったね。織田信長も松下幸之助も、時代の混乱期に生まれている。あの時やらなかったら、まだできてへんわけや（笑）。

――自信はあった？

独立前にいた山科精器で、二百五十人の部下を率いていた。二十数人はついて来ると踏んだ。でもマインドコントロールが甘かったんやな。来たのは昔から手なずけていた学校の後輩三人だけ。それでも気持ちは揺るがなかった。

――危機が三度あった

最初の五年間は本当に苦しかった。いつも夏だったので、今もセミの声を聞くと当時の光景が浮かぶ。まず最初。東京までトラックをとばし、納入先についたら「本日債権者会議」との張り紙が出ている。会議に出たら「社長、社長」と祭り上げられていた人を、債権者たちが罵倒《ばとう》していた。社長になる夢を成就し有頂天だっただけに、恐怖感に襲われた。絶対会社をつぶしてはいかんと、地に足が着いた。

――二回目は？

今度は人材を得た。大阪の取引先が、危ないとの情報をキャッチしたので、懇意にしていた技術課長に問い合わせた。彼は「大丈夫。何かあったら私が責任を持つ」という。案の定その会社はつぶれたが、

わが社の歩み

精密小型モーターの世界トップ。「回るもの、動くもの」の総合メーカーを目指し、積極的な合併・買収で、国内外二十九社のグループに拡大、九九年三月期のグループ売上高は約三〇〇〇億円。社員は三万五千人。創業三十周年の二〇〇三年度にグループ売上高約四〇〇〇億円、二〇一〇年度に売上高一兆円、社員十万人に挑戦する。

「情熱・熱意・執念」「知的ハードワーキング」「すぐやる、必ずやる、できるまでやる」の三大精神を掲げる。「能力の差は五倍、意識の差は百倍」との考えのもと、学歴・社歴よりも意識の高さを重視した経営で、高成長、高収益、高株価の「3K企業」を掲げる。二〇〇一年にはニューヨークでの上場を計画している。

1973 日本電産を設立
88 大証二部、京証に上場
95 無段変速機メーカー、シンポ工業に資本参加
97 日産自動車系の部品メーカー、トーソクに資本参加
98 富士通系光学・電子機器メーカー、コパルに資本参加
東証一部上場、大証一部昇格
東芝、芝浦製作所とで芝浦電産を設立、芝浦のモーター事業を継承

彼が部下全員を引き連れてわが社に来てくれた。その部隊が、ハードディスクドライブ用スピンドルモーターの日本電産という基礎を築いてくれた。

――最後は

創業五年目。取引先がまた倒産した。売掛金は一億円以上や。月商二〇〇〇万円のわが社は瀕死《ひんし》の重症。いよいよ終わりかと覚悟した。それでも、親戚に勧められるまま、ある宗教の教祖様に見てもらうと「節分で運命が変わる縁」という。それで二か月ほど我慢していると、本当に二月五日午前二時、アメリカのIBMから大量注文が来た。これを機に、注文が取りやすい中小企業ばかりを回っていた営業マンが、東芝、富士通といった大企業を開拓し始めた。

――しかし、創業十年間は鳴かず飛ばず

最初の五年は夢はあるが仕事がない、次の五年は仕事はあるが資金がないという状況だった。

――どうやって食いつないだ?

アメリカの企業に売り込んだ。着いた空港で電話帳をくって、大手企業に片っ端から電話を入れる。日本と違って、それ相応の偉い人が会ってくれるからいい。最初に注文をくれたのはスリーエム（3M）。一方、国内の恩人は、伊丹市内の映写機メーカー、映機工業。創業者の皆川喜成さんが、自社でモーターを作っていながら、うちのを採用してくれた。

――どんな困難も打ち勝てる?

問題は必ず解決できると思うようになった。困難そのものが解決策を連れて来る。ロームだって、任天堂だって大変な時はあった。成功した企業は困難を真正面から受け止め、それをバネにしている。私は困ると、オムロンの創業者、立石一真さん（故人）に会いにいった。「私もそうでした」と言われると、「そうか、同じ経験をしているんだ、大企業の歩んだ道を今、進んでいる。うれしいことだ」と思えてきた。

――なぜ、立石さんに?

証言 あの時

雰囲気作りうまい

日本アジア投資会長（当時日本合同ファイナンス社長） 今原禎治さん

彼の偉いところは、いつも高い目標を持ち、それを具体的な数字で社員に示してきたことだ。明確なターゲットがあれば、社員も夢や希望を持ちやすい。顔を合わせるたびに言われ続けていたら、だんだんその気になってくる。雰囲気作りがうまい。当初はお金で、その後は、人の採用で随分苦労していたようだが、あれぐらい急成長するためには、やはり最後は人がカギとなるのだろう。随分本気で幹部社員を探し回っていた。

日本初のベンチャーキャピタルが七四年、京都に誕生し、立石さんが社長になった。その投資先の第二号に日本電産が選ばれたからだ。当時、桂川のほとりにあった工場は、注文主に見られたら、決まって取引がキャンセルされるオンボロだったが、立石さんは「大したもんや。僕なんかもっとひどいとこからスタートした」と言ってくれた。この言葉が支えだった。勇気を与えてもらった。

――プラザ合意後の円高不況下で、驚異の成長を遂げた

日本合同ファイナンスの今原禎治社長（当時）が、わが社への融資を決断してくれたから。それでスピンドルモーターの工場を京都府峰山町に新設した。当時月産三万個だったのが、一気に五十万個体制にしたので、世間はあきれたが、コンピューターの時代が絶対に来ると信じていた。ただ、裏づけ数字はなく、動物的な勘だけ。事業に失敗し、家族四人で逃げて行く夢を見てはうなされていた。そのころか

証言 あの時

恩義大切にする人

住友特殊金属前社長　青柳哲夫さん

永守さんの最初の勤め先が、取引先で、その時からの付き合いだ。バイタリティーにあふれ、山科精器でも土日返上でモーターの開発に取り組んでいた。プラス思考で、いつもキラキラしているので、つらい時は永守節を聞きに行って、元気をもらったものだ。人を大切にする方なので、会社を移る時も、独立する時も、快く認めてもらえたのだろう。成功者としての使命感から、ベンチャーキャピタリストとして若手の育成にも励んでいる。恩義を大切にされる人だ。

ら、夢ある、金ある、人いる、の相乗効果が生まれ出した。

――成功の要因は

ハードワーク。少なくとも十年間はわき目もふらず仕事一筋で頑張る執念を持たなくてはいけない。大企業に就職した同級生らが、出向やリストラでつらいとこぼすが、私がナッパ服を着て休みなしで働いていた時、彼らはテニスやゴルフを楽しんでいた。これで結果が違わなければ世の中不平等というものだ。どんな人生を選択するかは本人次第だが、自分のロマンに挑戦するにはハードワーキングしかない。

手軽さ受けヒット 冷凍エビフライ

加ト吉

会長兼社長　加《か》藤《とう》　義《よし》和《かず》

昭和十一年生まれ

――創業四十三年、香川県観音寺市から離れるつもりは？

ない。地方にいるからこそできることを、着実にやってきた結果が、今の加ト吉だ。現在、本社を中心に三十キロ以内に物流センターと二十五の工場がある。うち直営の八工場はエビフライ、イカフライ、コロッケなどの専門工場で、パン粉の専門工場から、それぞれに必要なパン粉を配送する。できあがった製品を物流センターに集めて、卸先のニーズに合わせて混載、発送するというローコスト体制だ。冷凍食品の集中生産地という意味で「フローズン・タウン」と呼んでいるんだが、これだけ合理的な生産拠点を持っているのは、当社だけ。しかも完成は二十五年も前のことだ。それができたのは、地方にいたからこそ。

――それが、地方のメリット？

もちろん、用地取得の面が大きいが、農漁業家庭の主婦という余剰労働力の面でも、田舎の方に「地の利」があった。当社は今、中国山東省にも「フローズン・タウン」を作っていて、すでに十一工場が稼働している。高知県が荷揚げコストの安いＦＡＺ（輸入促進地域）指定の港湾作りを進めており、これが整備されたら、横浜や神戸の港に代えて、商品を山東省から高知に持ってくる。「地方の利」もグローバルに考えている。

――冷凍食品進出が最大の転機か？

正確に言うと、一九六〇年代初めに海外からの原材料調達を始めたことが、転機だ。それまでは目の前の瀬戸内海でとれる小エビを加工していたんだが、公害で漁獲が減り、事業の先細りが見えてきた。それで大手をまねて北洋赤エビの輸入に踏み切ったが、大手と同じように茹でて、皮むきして冷凍するだけでは勝てっこない。パン粉をつけて「後は揚げるだけ」という状態に加工した冷凍エビフライを、日本で初めて商品化した。これが当たった。本格的に発売した六三年は二億円足らずの売り上げだったのが、その後毎年三一～八九％も増えて、十年後には約八〇億円にもなった。大手がエビフライを投入したのは二年も後だったから、この差は大きい。

――時も味方した

当時は東京オリンピックの前後で日本中から首都圏に人が流入していた。学校給食と、建設現場など産業給食の両方で、冷凍食品の需要が高まっていた。一方、第一次産業が低迷した田舎では、家庭収入は頭打ち。豊かさを求めて、農家などの主婦らが働き場を求めていた。

――中小企業だからできたことは？

七〇年に原料を赤エビから、ひと回り大きい大正エビに全面的に切り替えた。前年の欧米視察の成果の一つで、日本の食卓事情もだいぶ豊かになってきたから、早晩、欧米風のボリューム感あふれるエビフライが定番になるとの確信があった。三倍の価格設定になるため、消費力の大きい首都圏に販売先を絞り込み、発売日からは赤エビの販売を中止した。並行して売ったら、問屋も社員も売りやすい従来の商品を売ってしまうからね。大手では売り上げ減を恐れるあまり、できなかっただろう。中小だからできたことで、あの決断が、業界トップの座を不動にした。

――今や大手の一角だ

私はこれまで会社を大きくしようと思ったことはない。確かに現在は、冷凍食品を核に外食、バイオ

わが社の歩み

冷凍食品業界二位。九九年三月期の売上高は一七五四億円、経常利益は八〇億円。エビフライやすしネタ、冷凍めんなど業界一位の市場占有率（シェア）を持つ製品も多数。

大証二部上場以来、「無借金経営」「自己資本充実」を追求、株主資本は上場時の五七億円から九五年には九四一億円に増加。バブル崩壊後、居酒屋チェーンなどの買収、合併を進め、九七年春には会社更生中の京樽の管財人に選ばれた。

九四年、新潟・魚沼に冷凍米飯の工場を建設。新食糧法施行後の九六年六月にはコメの卸にも進出した。コメ・ビジネスと、東南アジア諸国での生産拠点作りによる内外価格差の打破を、今後の事業の柱に据えている。

1956 加藤氏、加ト吉水産設立。資本金200万円
62 冷凍エビフライの生産開始
71 コロッケなど量産品目の製造開始
75 加藤氏、会長に退き、観音寺市長に就任
84 大証二部上場
87 東証・大証一部上場
91 加藤氏、市長退任
96 新潟県魚沼に精米から冷凍米飯までの一貫体制整う

証言 あの時

情愛深く理論派

KOBE証券会長（当時野村証券副社長）
豊田善一さん

上場の際に指揮を執ったが、加藤さんのワンマン会社でありながら公私混同がみじんもなく、スムーズに手続きを終えた。絶対にウソを言わず、情愛が深く、なおかつ数字の裏づけをもった理論家だ。伸びる会社の定石にはまっていた。私はこれまで証券マンとして数えきれないほどの経営者を見てきたが、その中で間違いなくトップ・スリーに入る人物。いま手掛けているコメ・ビジネスで、いつか日本の食品産業を制する日が来ると見ている。

テクノロジー、ホテル観光など幅広い分野を手掛けているが、すべて強くしたい一心でやっているうちに結果として大きくなった。事業が順調に運んでいる時にこそ危機意識を持つ、というのが経営者としての信念だ。創業期に天候頼みの漁に左右される商売をしていたことが、絶えず変化する社会や消費者の動向をしっかり見据える目を養ってくれたと思う。それと、企業は大きくなればなるほど、社会への貢献を忘れてはいけない。生産拠点を海外に移すだけでは、国内産業が空洞化するばかりだから、日本の高いコストでもやっていける事業分野に新たに進出し、国内の雇用を確保していこうと心掛けている。

——最近はコメ・ビジネスに熱心だ

数年前に食管法の改正が議論され始めてすぐ検討を始めた。エビフライ、コロッケ、すしネタなど当社の商品が食卓に上がる際、すべてご飯がついてくるのだから、参入は自然な成り行きだった。それに、冷凍食品の市場規模はたかだか七〇〇〇億円。穀物では小麦粉が原料段階で六〇〇〇億円、それがパンやうどんなど製品段階になると三兆五〇〇〇億円。ところがコメは原料段階で三兆五〇〇〇億円。付加価値をつければ、その何倍という膨大な市場だ。これからは、コメを制する者が食品産業を制する、と言っても過言ではない。当面はレンジ用などの加工商品とコメそのものの二本立てで行くが、小麦粉からうどんを打つ家がなくなったように、将来的には、家庭から炊飯器がなくなる時代が来ると思っている。

証言 あの時

自分で原料ルート開拓

大阪市の食品加工メーカー・ノースイ会長（当時常務）岡本吉博さん

初めて会ったのは四十年ほど前。外貨獲得という国策もあって、冷凍エビの輸出をしようと西日本に七か所の協力工場を作るとき、観音寺の漁協の組合長から「モノ作りなら加藤」と紹介された。加藤さんも二十歳そこそこだったが、非常に闘志のある青年でね、四国一円から岡山、淡路島まで自分で原料エビの調達ルートを開拓して、生産量は七工場のうちで常に一番だった。現状に満足しないのが、彼の経営者としての本質だ。

ネーミング変え 人気商品に成長

スタミナ食品

社長 森《もり》島《しま》征《ゆき》夫《お》

昭和十四年生まれ

――最初の転機は返還前の沖縄で

一九六六年一月、勤めていた商社を辞めて、貿易実務の代行業やら便利屋やらいろいろな事業をしたものの、うまくいかなくて……。実家で茶畑や養豚をしていた兄が見かねて「沖縄にブタの新品種が入ったらしいから、仕入れてこい。もうけを事業資金にすればいい」と。ビジネス・チャンスをくれたつもりだったんだろうが、当時は情報の伝達が遅く、実際に沖縄に行ってみたら、もう他の業者にすべて押さえられた後だった。つまり大失敗（笑）。しかし、このとき現地の有力な食品卸会社の人が「ブタの手足や耳、尾を日本から輸出してくれたら、買うよ」と言ってくれた。

――それで食肉を扱うように？

そう。兄から二〇万円を借りて、中古車と電話、タイプライターを買って、六月からアメリカ施政権下の沖縄に輸出を始めた。貿易実務は得意だったから、月に一、二回の輸出はまったく苦にならなかった。これと並行して、当時はまだマイナーだったブタの腸を安く仕入れ、味付け加工して国内向けに販売した。卸売市場に持って行って、加工食品を買いつけに来る業者や問屋の目の前で鉄板焼きにした。まず、試食してもらうことから始めたんだ。これが大当たり。十月には、輸出と合わせた売上高が三〇〇万円になった。当時のサラリーマンの平均月収の百か月分ぐらいを稼いだ。商売のだいご味をバラエ

わが社の歩み

輸入食肉、とくに内臓肉のパイオニア的存在で、主に業者向けの食肉の売り上げが、総売上高の約六割を占める。牛の小腸をタレにつけ込んだ加工食品「甲子園の味　こてっちゃん」に代表される焼き肉食材や、数年前にブームとなった「もつなべ」など、消費者向け商品も積極的に展開。九六年からは焼き肉レストランにも乗り出した。

一九九七年二月期は、狂牛病と病原性大腸菌「Ｏ《オー》１５７」禍で、税引き後損益が一二億円の赤字（前期は一三億円の黒字）と、創業以来、初の赤字決算となったが、その後は、九八年二月期（一五億円）、九九年二月期（七億円）と黒字に戻した。

食料自給率の低い日本に「安定的に食肉を供給するのが目的、使命」（森島社長）として、アメリカ現地法人に加え、アジアでの展開を今後の重要戦略にしている。

1966　個人営業でブタの腸の卸を開始
67　兵庫県尼崎市に有限会社スタミナ食品を設立
70　株式会社に改組
82　牛内臓肉製品「こてっちゃん」発売
84　同西宮市に本社移転
87　千葉県船橋市に東京本社を建設
89　米ネブラスカ州に丸紅との合弁会社設立
94　大証二部上場

ティー・ミート（内臓肉）に教えてもらったんだ。それが、おいしい、安い、元気が出ると三拍子そろった「こてっちゃん」につながった。

――それまではいろいろな商売を

高校卒業後、とにかく商売するなら大阪だと、新大阪ホテル（現ロイヤルホテル）に就職して、キャッシャーを三年したが、自分の才覚次第で天井がなく、また国際的な仕事をしたかった。そこで貿易会社に転職したわけだ。

――商魂は少年時代に培ったとか

高校の学費も、父から鶏を三十羽もらい、卵を売ることから始まって、家業の手伝いもして自分の稼ぎから出した。簿記が得意で、十六歳の時から家業の貸借対照表と損益計算書のようなものを毎日つけていた。家族からは「若造が、頼んでもないことをするな」と何度も言われた。しかし、その日のもうけや、それが日ごとにたまってゆく様子が見え、さらにどうしたら経営が効率的にできるかなどと、素人なりに分析ができるのが、面白くてたまらなかった。

――「こてっちゃん」の誕生は？

発売は八二年六月で、第二の転機になった。商社からメーカーへの転換だ。この年の円・ドル相場は、一月の一ドル＝二〇五円から十月の二七八円と、大きく変動した。当社は業務用などに使いやすいよう、アメリカで原料肉を加工したものを輸入し、国内で売りさばくのが主力になっていた。問屋的な商売で、八〜一〇％の付加価値しかないから、円安の影響をモロに受けて原材料費が上がり、税引き後利益がほとんどゼロという状態にまでなった。成長を支える安定した消費者ブランドの育成が急務と考えたんだ。牛の大腸の韓国語読みがテッチャンで、こっちは小腸だから「こてっちゃん」。開発といっても、すでに同様の商品は出していたんだ。味付けも多少変えたが、要は名前を変えただけ。ネーミングやデザインで、一気に全国ブランドの人気商品に成長した。

証言 あの時

常に謙虚で聞き上手

作家（当時新大阪ホテル社員）森村誠一さん

同期入社。バリカンで散髪しあうなど、私の弟分みたいな存在だった。とにかく文句を言わない男で、心身共にタフなやつだと一目も二目も置いていた。常に謙虚で聞き上手だから客にも彼のファンが多く、チェックイン手続きの際に指名されることも実に多かった。ホテルはまるで「人間万博」のようにあらゆる種類の人間が集う。私の場合もそうだったが、そういう人たちとの交流を含めたホテル時代の経験が、その後の彼をはぐくんだのではなかったか。

翌年の利益は八億円に戻した。

――九六年は多難な年だった

狂牛病、病原性大腸菌「Ｏ《オー》157」による消費手控えで、バラエティー・ミートの総需要は九六年の八～十月はピーク時の六〇％、現在でも八〇％にまで縮小している。製品、商品の安全性には一〇〇％の自信があるが、「おいしさ、安さ、元気」だけではだめ。安全性、衛生面での優秀さを、積極的にアピールし、信頼性で売って行く。苦しいからといって安易に価格競争に走るようなマネは大嫌いだ。ただ、救いなのは、市場は縮小しているものの、市場占有率（シェア）は拡大していることだ。信頼性を基準に、量販店などが他社からうちに乗り換えていると理解している。

――今後の戦略は？

一つは、バラエティー・ミートの栄養源としての優秀さを前面に出してゆく。美容に優れた効果を発揮するコラーゲンの含有率で見ると、枝肉は一・八

%しかないのに対して、「こてっちゃん」は二・四%。さらに、すじ肉は一四%、中でもアキレスけんは二六%。九七年九月から、こういう差別化のための表示を始めた。二つ目は、国際化を進めてゆく。中国に「こてっちゃん」を二百キログラムほど輸出して、テストをした。少子化で国内の「胃袋」は縮むばかりだが、中国にはまだ無限の可能性がある。事業を肉以外にも多角化した方が良いと言う人もあるが、私の夢は、焼き肉文化の創造企業として世界一になることだ。

証言 あの時

イメージ変革に貢献

食肉販売ダイリキ（大阪市）社長（当時個人営業）高橋健次さん

一九六七年に、味付けしたブタの腸を売ってほしいと持ってきた。私の店頭でフライパンで森島さんに実演販売してもらったら、ものすごい勢いで売れ、日曜日などは一日で二百キロもさばけた。焼き肉という食品が、大衆化に向けて動きだした〝黎明期《れいめい》〟で、その後も輸入肉、タレなど次々に事業分野を開拓し、一般にはなじみの薄かった内臓肉のイメージを変革するのに大きな役割を果たした。当時からこの分野で「日本一になる」が口癖だった。

技術開発の力と気くばりで活路

林原

社長 林原《はやしばら》 健《けん》
昭和十七年生まれ

——慶応大の学生だった十九歳で社長になった

おやじが亡くなり、仕事のことはまったくわからないまま、いやいや社長になった。一九六一年だった。私は天体望遠鏡を手作りするのが好きで、そういうのをやってみたいな、とのんびり考えていたくらいだ。仕方ないので、社員を集めて「うまくいかないと思うけど、皆もあきらめてくれ」と宣言したら、半分くらいの人が辞めてしまった。

——その後、経営が面白くなったきっかけは？

すぐに砂糖の輸入自由化が起こって、砂糖が非常に安くなり、うちが作っている水あめの値段も暴落した。毎年赤字が増え、二十代半ばで当時の四〇億円もの累積赤字を背負うことになってしまう。技術力の優れたアメリカの企業に、日本の企業は片っ端からつぶされていく。そこで意地になり、技術開発に力を入れはじめた。かつて父親が新しい技術を開発した時、世界中にそのやり方が広まったのを見て、技術のすごさを肌で感じていたこともある。また、大学を出て三、四年たったころ、ソニーの井深大氏に会った。東京のテレビ工場を見学に行ったら、ナッパ服で出てこられ、一時間くらい、技術の面白さを語ってくれた。このことも技術に力を入れるようになったきっかけだ。

――最大の転機は

アミロースという新製品を販売した時だ。ブドウ糖が一直線につながったもので、食べられるフィルムなどに応用できる。アメリカも必死で技術開発していたもので、うちは、一直線にするための酵素を見つけた。これでアメリカに勝ったと思った。社長になって七年くらいたったころで、商品に自信があり、これは寝てても世の中に広がるなあ、と思っていたが、うまくいかない。結局、商品のせいでなく、私自身に売れない原因がある、ということに気づいた。

――何が悪かったのか

日本は名刺社会で、第一印象の身なりや態度を重要視する。当時、私も若かったので、そんなことはどうでもいいと思って、いいかげんな格好をしていたが、金融機関に行っても相手にされない。だが、最初に認めてさえもらえれば「あいつがやるんだったら」と、すっと通過できる。今では、私は、背広を同じ色、同じ形で一度に十着くらい作る。靴も同じで、十足くらい一度に買っておく。ネクタイは嫁さんが勝手に買ってくるが……。

――がんなどの特効薬と言われたヒト天然型インターフェロンに取り組んだ経緯は

決断は簡単に下した。七四年に、インターフェロン研究の第一人者、岸田綱太郎氏（当時京都府立医大教授）に要請され、「やりましょう」と即答した。本業が微生物を扱う発酵技術だから、その延長線上にあると判断した。インターフェロンの場合、人間の細胞を扱うという違いだけで、あとの技術は共通している。ところが、技術的発想だけでは、うまく行かず、結構、苦労させられた。やっと、完成させたのが、林原法という培養技術だ。

――林原法の特徴は？

大量のハムスターを使う。数匹を使う方法は、大学の研究室などで使われていたが、重要なのは、大量生産できるようになったことだ。ハムスターは光や音に敏感で、環境が変わると、自分の子供をすぐに食べてしまう。子供を守るという行為が高じての行動なのだが。うちは微生物の発酵で培った技術を

わが社の歩み

水あめ製造業からスタート、デンプンに酵素を働かせてブドウ糖を作る技術から、酵素、微生物、バイオテクノロジー産業へと発展させた。健氏は四代目の社長。病院の点滴に使われる高純度マルトースや甘味料などを手掛ける。また、ハムスターの体を借りてヒト細胞を効率よく増殖させるインビボ増殖法（林原法）で、抗がん剤、抗ウイルス剤となるインターフェロンαの製造を行っている。

社員数は二百八十九人。九八年十月期の売り上げは単体で一五八億円。

メセナ活動でも知られ、ゴビ砂漠で恐竜の生態などの学術調査、備中漆の復興、五嶋みどりへのストラディバリウスの終身貸与などに取り組んでいる。

1961	林原一郎社長、死去。新社長に林原健氏、就任
68	酵素法による高純度のマルトース新製法を開発
79	ヒト細胞増殖法によるインターフェロンなど各種生理活性物質の工業化生産技術を確立
88	厚生省からインターフェロンαの製造に関して承認を受ける
90	インターフェロンα錠剤を開発、AIDS治療薬として発売
94	トレハロースの安価大量生産技術を開発
99	林原生物化学研究所などグループ内の四研究所が対等合併

証言 あの時

決断に長期的視点

持田製薬会長　持田　英さん

とにかくカンが鋭い。我々技術系のように、理屈が先に来るのとは違う流儀だ。もちろん、林原社長のカンも、論理的な積み重ねがあってのことで、決断には長期的な視野を持っているなと感じる。また、イエス、ノーの判断が非常に早い。ほとんど即答といっていい。岡山という場所がかえっていいのかも知れない。東京は情報過多で、つまらない情報も多い。約二十年前、岡山を訪ねて会って以来の付き合いだが、あまり変わっていない。若く、可能性がある人だ。

応用し、それをしないハムスターに改良した。数ははっきりしないが、世界のハムスターの約七割がうちの施設にいる。

――遺伝子組み換えとの違いは？

どんなに遺伝子組み換えの技術が発達してもできない物質が、この技術ならたくさんできる。人間の体の中には未知のものが一杯あり、それとそっくりのものを作り出すことができる。インターフェロンなどの治療薬は長期間、体内に打ち続けても、抗体ができないものでないといけないが、それには体内のものとそっくりでないとまずい。つまり、林原法でしかできないのだ。

――研究開発の計画はだれが立てる？

研究開発のテーマ設定は私がする。人、金、物をできるだけ早く大量に突っ込まないと他社との競争に勝てない。市場調査は何の役にも立たない。だから、大企業は、全員が賛成か、よそが売れているものの改良品を作るようになる。自分が決めて間違ったものはたくさんある。だが、できるまであきらめなければ、失敗ではないと思っている。

——昼前に会社に出てきて、午後三時には帰る、といわれています

伝説になってしまった（笑）。必要な時は会社にいるんです。昔はちゃんと来ていたが、することはないし、それだったら、好きなことをしていよう、と。今は、仕事と違った分野の人と会うことを大切にしている。メセナも仕事の一つだと思っている。ただ、お金を出すのではなく、例えば、恐竜を研究している人を社員として受け入れる。そうなれば、組織も自然に変わってくるはずだ。

証言 あの時

卓越した知的好奇心

アマリロ・バイオサイエンス（本社・米国テキサス州）社長兼CEO　ジョセフ・カミンズさん

八九年に岡山で初めて会って話をしたが、林原社長は、技術を把握し、その技術が世界中の人を幸せにするという明確な見通しを持っていた。私は彼に会うまで、低濃度経口インターフェロンα開発のパートナーを見つけるため、欧米の五十五の会社を訪問した。しかし、彼の知的好奇心、科学的興味は、これまで訪ねた企業の経営者とまったく違っていた。彼は、新しい技術に何百万ドルのリスクをものともせずつぎこんだ。

食品販売専念で競争に生き残り

関西スーパーマーケット

社長　北《きた》野《の》祐《ゆう》次《じ》

大正十三年生まれ

――食品主体の売り場形式を貫いている

　創業後しばらくして全商品を安売りしたとき、衣料品だけは大きなケースが五、六個も売れ残った。スーパーマーケットとは、お客さまが今日のおかずは何にしようかな、と来られるところ。おかずを買いに来たのに、衣料品を買う人が一体どれだけいるのか。売り場に衣料のスペースを作ることで食品の売り場が狭くなり、品ぞろえも悪くなる。食品以外では生活必需品の雑貨ぐらいで十分だ。

――順調な立ち上がりではなかった

　家業だった削り節の卸売業を継いだが、代金をなかなか回収できず、絶えず資金繰りに困っていた。あるとき、九州にできたばかりのスーパーマーケットを見る機会があった。レジに列ができて現金で商売している。なるほど、これなら金に困ることもないだろうと、単純な発想でスーパーを始めた。でも当時はどのような営業形態にしようか、といった明確な意思も、知識もなかった。立地の面でも商店街のはずれの田んぼの真ん中にあった。当然客は来なかった。

――方向が見えたのはいつ？

創業して九年目（六七年）だった。業界仲間で作るオール日本スーパーマーケット協会のメンバーでハワイの店を視察した。この店を見た瞬間、「これやがな」と。毎日の食材がずらりと並んで、全然、余分な物がない。しかも青果物、肉は冷凍ケースで

わが社の歩み

創業者の北野社長が伊丹市に約千平方メートルの店舗を構えたのが始まり。生鮮食品は鮮度保持などが難しいため、テナントに任せるスーパーが多い中で、青果、肉、鮮魚と次々に直営化に踏み切った。その後も店舗運営の省力化と標準化に取り組み、食料品中心のスーパースーパーマーケット（SSM）と呼ばれる業態をいち早く確立した。

出店エリアを阪神間、大阪府南部に絞り込んだ戦略も特徴で、総合スーパーの動きとは一線を画している。

九九年三月期は売上高一〇一一億円、経常利益二一億円。店舗数は四十五店、従業員は約千百人。故伊丹十三監督の「スーパーの女」には北野社長の体験談が随所に盛り込まれている。

1959 兵庫県伊丹市に相互産業株式会社設立、伊丹市に1号店を出店
62 大阪市に2号店
65 伊丹店で青果部門を直営化
74 関西スーパーマーケットに社名変更
76 夏季5連休を導入
81 20店目を伊丹市に
91 大証二部上場
93 東大阪市に30店目
99 売上高1000億円突破

温度管理されて新鮮そのもの。チーズや牛乳などの乳製品もそう。スーパーマーケットがどんなものか、このとき、初めてわかった。

――早速取り入れた？

まず温度管理から始めた。でも冷蔵庫が普及していない時代で、金もない。仕方がないので二坪ほどのスペースに板で囲いを作って、断熱用におがくずを詰め、空調機を入れて冷やすという手作りの冷凍ケースを用意した。そこに野菜を入れて売った。

――評判は？

当時としては画期的なことだった。それまでは朝、野菜を仕入れると、最初はみずみずしかったのに、時間がたつごとにしおれてくる。だから夕方になると安売り。そして売れ残ると捨てる。非効率そのものだった。おがくずからキノコが生えるおまけもあったが……（笑）。これで青果物の価格慣習が変わった。農水省から説明してくれと呼び出されたこともあった。

――省力化につながるノウハウを考案したことでも知られている

この業界は労働集約度が高く、特に生鮮食品は扱いが難しくて、人手がかかる。だから手間のかかることをいかに減らすかが大切だ。例えば、魚のおろし。うちの会社は、全社員ができる。魚屋さんにテナントに入ってもらう必要がなくなり、売り場の必要人員が平均化することで経費がかさまなくなる。商品を運ぶカート、魚を乗せるトレーなんかは、アメリカで見た物をヒントにした。設備面でもカートを使うとなると、床を平らにしなければ使えないことが分かってくる。工夫の積み重ねだけでも生産性はぐっと上がる。

――ノウハウを積極的に公開している

ライバルに教える必要はないという声もあったが、教えてほしいと来た人に、こうやってますよと言うぐらいはええやないかと。だいたい、ちょっと見学するぐらいでは、マネできない。仕入れや陳列の方

証言 あの時

父親のような存在

スーパーマーケット「スーパーアルプス」（東京都八王子市）社長　松本利夫さん

二十年前、初めて店舗を見せていただいたが、商品の並べ方や衛生管理などの手法が素晴らしかったのはもちろん、すでにパート従業員に対する評価制度を取り入れていた点には目からうろこが落ちる思いがした。早速マネをして、数年後に店を見てもらったが「本物ならそんなに利益は出ない」としかられた。それならばと社員百人を最高三か月間、研修させてもらい、ようやく近づけた。今でも、父親のような存在だ。

法だけではなく、社員の教育、福利厚生も大いに関係してくるからだ。福利厚生の面では、早くから夏場に五連休を取れるようにしたのもその一つだ。この業界は休みがあっても、実際には休めない店が多い。うちが休めるのは、一人がいなくてもカバーできるように省力化、標準化のシステムを構築しているからだ。仕事に不満があって退社した幹部は一人もいない。この点は自慢できる。

――Ｏ《オー》１５７騒ぎ（九六年）があった年でも、全店舗が前年の売上高を上回った

商品管理がしっかりしていて、よそよりもいい品物を安く売っている自信があるし、お客さまにも信用してもらっている。あれもこれもと、いろんな商品を扱っているスーパーの中で最近、元気がないところが目立ってきた。そんな店は大抵、食品部門が弱い。総合スーパー（ＧＭＳ）の食品売り場はやがてなくなるのではないか。

――規制緩和などで流通業界の競争はますます

証言 あの時

取引先を全面的に信頼

畜産業・丸正(大阪市)社長　石田正美さん

何といっても、取引先を全面的に信頼してくれる点がありがたい。こちらとしては何とかこたえないといけないので、商売はきついが……(笑)。なぞかけのように話しかけてきてヒントを出し、こちらを乗せて、その気にさせるのがうまい人だ。十年ほど前にアメリカに広大な牧場を購入したが、きっかけは北野さんの一言。「これからうちの店も増えていく。将来を考えれば、国内産の牛肉だけで大丈夫でっか、なあ石田はん」と。先見性があるのだろう。カンも鋭い。

激しくなりそうだ

外資も進出してきた。しかし、売り場の大きい店がいくらできても怖くはない。本当に影響を受けるのは、同じ形の店が近くにできたときだろう。ただし、スーパーマーケットの商圏は狭い。出店する地域を広げて外に出ていかなくても、今出店しているエリアのすき間を探せば、あと二百や三百の店を建てても、商売はできる。私が社長の職にとどまっているのもこの先、長くはないが、後を継いだ者が、小売りに徹し、分からない商売は専門家に任せる、というスタイルを守れば、競争時代の中でも会社は安泰だろう。

「光通信」参画にロマン

ナミテイ

社長　村尾《むらお》雅嗣《まさつぐ》
昭和十七年生まれ

――光ファイバー海底ケーブル敷設という大プロジェクトに中小企業としては、ただ一社の参画だが

八四年夏、一本の電話から始まった。東京のある部品問屋から、細い中空のパイプを扇形に三分割した異型鉄線を作れないか、と電話があった。ちょうど客を待たせていたので「図面にできるものならどんな異型線でもできる」とだけ答えて切ったんだが、三日後に送られてきた図面を見て驚いた。長さは一キロメートルで、その程度のものなら十五分もあればできるんだが、求められた精度が尋常ではなかった。

――具体的には？

外径六ミリ、内径三ミリだから、鉄の厚みは三ミリで、誤差がプラスマイナス千分の五ミリというんだ。普通は十分の一ミリ以内の誤差なら通用するから、二十倍の精度だ。鉄線を作る金型だって、そんな精度の高いものは存在しない。しかも納期は二週間後。どこのメーカーでも不可能だと思った。

先方は「今さらできないでは困る」というし、何に使うのか聞いても「今は言えない」の一点張り。渋々引き受けて、金型を作り替えては挑戦を繰り返し、最後の三日間は徹夜だ。三十キログラムの鉄線を作るのに、五トンもの材料を費やしたし、従業員の苦労は並大抵ではなかったから、通常の鉄線ならせいぜい五〇〇〇円のところを、三八〇万円にして請求した。

――問屋も驚いた？

そりゃそうだ（笑）。そのうち二〇〇万円は金型の製作費だとして請求したから「金型の図面を出せ」と言ってきた。「金型の図面を出せというのは、ノウハウを丸ごとよこせというのと同じ。それなら金はいらない」と言ったら、「面白い会社だ。それほど自信があるなら今後も頼む」と、今度は三キロメートルの注文があった。そして六キロ、十キロと長くなって行った。

――そして何に使う鉄線かが判明する

そのころになると、日本からグアム、ハワイを経由してアメリカまで結ぶ「第三太平洋海底ケーブル」の保護線に使用するために鉄線の実験を繰り返していることが分かった。三分割したのは、ファイバー線を包むためだった。さらに、プロジェクト参画企業は一部上場の大企業ばかりであることなど、謎《なぞ》は解けていった。

従業員が二十数人のちっぽけな会社が、大手と肩を並べて参画できるとは夢にも思わなかったから、試作段階が終われば用済みと考えていた。それがどうやら、着工の際にはうちが本採用される可能性が高まってきていることが分かった。感激で体が震えた。同時に、自分の命と引き換えでもこの仕事を取りたいという熱望がわいてきた。

——翌八五年、最終的に必要な五十五キロメートルの超長尺鉄線の試作に乗り出す

それからが本当の試練の始まりだった。まず、材料の鉄線にそんなに長いものがないから、途中で溶接しなければならない。ところが、溶接した部分だけはどうしても強度が落ちてしまう。熟練工でも数十回に一回は失敗するのも常識だ。新日鉄に頼んで、強度を保ったまま溶接できるような特殊な素材と、特殊な溶接方法を駆使してもらい、何とか特別規格品を作ってもらった。

その次が、製造工程で付着する油かすの問題。全

わが社の歩み

国際電話で世界をつなぐ光ファイバー海底ケーブルの保護鉄線の製造で、国内一〇〇%のシェアをもつ。九八年十月期の売上高は二二億円で、うちケーブルは五〇%。資本金三〇〇〇万円、従業員五十人。

保護鉄線の長さは継ぎ目なしで五十~百キロメートルで、中空構造ながら海底八キロメートル、約八百気圧に耐えるための特別仕様。

第三太平洋横断ケーブルは、日米間の全長が一万二千キロメートル、十か国の計二十二通信事業体が参画し、日本はKDDが元請けとなりグアムまでの約四千キロメートルを担当した。ナミテイは「第四」「第五」も単独受注し、現在までに総延長五万八千キロメートルを製造。

高い技術力が注目を集め新幹線の新型架線などのプロジェクトに参加。

1947	村尾社長の父・一秋氏が「波速製釘株式会社」を東大阪市に設立、丸くぎの製造を始める
52	くぎに代わり線材の製造開始
72	異型ナット材のシェアで業界一位
84	一秋氏死去。雅嗣氏、社長就任
85	第三太平洋光ファイバー海底ケーブルの製造開始
90	第四ケーブルの製造開始
91	現社名に変更
93	第五ケーブルの製造開始

証言 あの時

試作品の完成度高く

鉄工専門商社・鈴新（東京都千代田区）
取締役　鈴木　勲さん

業界紙で見かけたナミテイの製品の形状が、ケーブル保護線の仕様に似ていたのがすべての始まり。異型線メーカーはどこも得意な形があって、中小でも大手よりはるかに優れた線を製造する例は多いが、ナミテイの場合、最初の試作品の完成度が特に高く、発注元の信用を獲得した。正式受注までは困難な「壁」の連続だったが、当社や新日鉄も含めて、かかわった全員が、まるで青春時代に戻ったかのように開発に熱中していた。

部きれいに除去してくれ、というのだが、普通に洗浄していたのでは、製造する時間の五倍、八十時間もかかってしまう。それで、高速で洗浄するための機械を自社で新たに開発しなければならなかった。さらに、万が一、海底で水が浸入した場合、二週間経過しても浸水区域が二キロ以内に収まるようにしなければならないという課題もあった。鉄線の内側がつるつるだと水がどんどん走ってしまうから、高さ〇・〇二〜〇・〇七ミリの突起を、一平方ミリ当たり七十個以上つけることで解決した。

――同年四月にようやく受注が決まる

そうした壁の連続のさなか、鉄を採用するというのが正式に決定したんだ。それまで国際電信電話（KDD）ではアルミと両方で実験していたんだが、アルミが腐食した時に出る水素ガスが光ケーブルにいろいろ悪さをすることがわかった。アルミは複数の大手がやっていたが、鉄線では競合社がなかったから、この時点で、わが社の受注が決まった。社員

証言 あの時

財務体質しっかり

りんくうゲートタワービル代表取締役専務（当時大和銀行布施支店長） 松井精朗さん

八四年ごろの東大阪というと、ボルトやナット類の中小メーカーが多く、どこも業績が悪くて何か新しいモノ作りはないかと模索していた。ナミテイでは同年初めに先代社長が急死する不幸が重なったから、まさに最大の転機だったと思う。海底ケーブルで万一受注できなくても、財務体質がしっかりしていたから経営が傾くことはないし、試作で培った技術が将来必ず役立つことを楽しみに、全面的な支援を約束した。

みんなでバンザイ、バンザイと何十回も叫んでね。七月に設備がすべて完成した後、九月にＫＤＤの監査を経て正式受注となった。

――今では独占市場だ

参入メリットがないから結果的に一〇〇％の市場占有率（シェア）を保っているだけ。それよりも、光通信の始まりという歴史上の大転換をなすプロジェクトに参画できたことに、大きなロマンを感じる。先日、知人が高校の物理の教科書を持ってきてくれて、その巻頭にカラー写真でケーブルが載っているんだ。東大阪の中小企業としては、そういうことでもうれしくてたまらないものなんだ。

ただ、この先何年も同じ仕事で食べていけるわけでもない。現在は、また新しい分野の開拓に着手している。十数年前と同じように、転機を迎えつつある。

時代の流れつかみ 続々とヒット商品

ナカバヤシ

会長 滝《たき》本《もと》安《やす》克《かつ》

大正十三年生まれ

――初めは製本から出発したとか

一九二三年に父（故・中林安右衛門氏）が創業した製本屋を戦後に継いだ。進駐軍の政策で各地に文化センターみたいなものができ、そこへアメリカから科学や文化などさまざまな分野の書籍、雑誌を取り寄せて、図書館みたいな機能を持たせていた。雑誌が一年分とかたまると、散逸しないように製本して保管するんだが、その製本を請け負ったのが始まりだ。

雑誌の端を裁断してサイズを合わせ、穴にひもを通してとじた後、表紙をつけるまですべてが手作業だから、父や私を含め十人ほどが早朝から深夜まで働いても追いつかない。まだ若い盛りだったから、これが耐えられなくてね。何とか遊ぶ時間を作ろうと「手仕事から機械化へ、家業から企業へ」とか何とか調子のいいことを言って、株式会社を設立したんだ。

――どのような機械化？

市場は大きくないし、採算に乗るかどうかわからないから、工作機械メーカーに頼んでも作ってくれない。それで会社設立の二、三年後には工作機械を作るための鉄工所を新たに設けた。大掛かりな機械は米国から輸入するなどしたが、たいていは自社で開発しながら次第にオートメーション化を進めていった。

――やがて手帳の製造を開始する

わが社の歩み

アルバム、製本でトップ。台紙を追加できる「フエルアルバム」は一九六八年の発売以来、業界空前のヒット商品に。市場占有率（シェア）は図書製本が六〇％、アルバムが五〇％弱、手帳は二五％。九九年三月期の売上高は四四二億円、経常利益は一五億円。

養子に出た滝本会長と中林代次郎社長兄弟の父、中林安右衛門氏（故人）が大阪市浪速区で製本業を始めたのがルーツ。兵庫工場（兵庫県大屋町）では、裁断から背表紙の箔押《はく》しまで一貫の自動化製本ラインのほか、手作業で古文書の修復や裏打ちなどを施す職人も多く抱える。

環境関連分野にも進出、空き缶処理機や大型紙シュレッダーを搭載したトレーラー「エコポリス・バン」などを商品化。

1951 大阪市都島区に株式会社中林製本社設立。滝本氏、社長に就任
57 米国から最新の製本機械を輸入
63 中林製本手帳に社名変更
68 フエルアルバム開発
70 現社名に変更
73 兵庫県大屋町に製本工場完成
77 大証二部上場
83 東証・大証一部上場
94 空き缶シュレッダー機が関西国際空港で採用される

六四年に、東京五輪を記念した「オリンピック手帳」という商品を発売した。その四年前から作ってはいたんだが、製本が暇なときに穴埋め的にやっていたので、大した売上高にはなっていなかった。そもそも、当時は普通のサラリーマンは手帳なんか持ち歩いていなかった。普及率は二〇％ぐらいだったと思う。ところが高度成長の始まりとともに、手帳を持たないおおらかな時代が終わろうとしていた。手帳がなくてはならないビジネス・ツールになるのでは、という予感があった。今の携帯電話やパソコンのようにね。

――低価格で参入したと聞くが、どうやって？

従来は、紙折りから穴開け、印刷、製本と工程が細分化されていて、それぞれ専門の業者が分業で作っていた。うちは、原紙の仕入れから製本まで一貫生産にした。五輪マークをつけるためのライセンス料など余計なコストがかかっているにもかかわらず、価格は他社の半分ぐらいに下げることができた。普及率が低かったので爆発的に売れるということはなかったが、手帳業界に乗り込む突破口としては十分な手ごたえがあった。

――その四年後、「フエルアルバム」を発売する

ひもでとじる伝統的な「大和《やまと》とじ」を踏襲した商品が多かったが、これでは一枚でも写真が余ればもう一冊買わなければならない。台紙を増やせるアルバムという発想は、当時は画期的と言われたが、大学図書館の製本をやっていた経験からはそれほど難しくなかった。学籍簿などで仮とじしなければならない作業も多かったから。プライベートな記念写真を撮影することが、生活の一部になっていった時代だ。

――たちまちヒットに？

いや、実は最初の半年間は売れなかったんだ。五万冊作ったが、さばき切れなかった。アルバムは家庭に、特に女性に受け入れられないといけないのに、そういう商売の経験がなかった。それで思い切って

証言 あの時

文化活動発展を支える

武庫川女子大学名誉教授（当時大阪大学図書館主任司書） 藤井和夫さん

一九四八年に大阪大学の一室を製本室にして、米国から輸入した専門雑誌などを、滝本会長と中林代次郎社長の兄弟が汗だくになって製本していた。会計担当からはもっと安くしろと言われ、私からはもっと頑丈にとじろと文句を言われ、大変苦労したと思う。大学図書館の文献の質と量は、学者と学生を映す鏡のようなもの。きちんと分類し、製本した資料があってこそ研究が成り立つ。戦後の文化学術活動の発展を裏で支えた黒衣《くろご》と言える。

テレビ広告を打った。それからだな、売れ始めたのは。初年度の売り上げは九億円足らずだったが、毎年前年比で四〜六割も伸び、五年後の七三年には五七億円。三本目の柱に成長した。現在では、一般の消費者の多くは、ナカバヤシと言えば「フエルアルバム」の会社だと考えていると思うが、それはそれで良いことだ。

――商品開発力の源泉は何か？

一つの商品が調子良い時にも、たえずギラギラして時代の変化に敏感でいようと努めていただけ。フエルアルバムだって、当初は売れるかどうか確信なんてなかった。写真が増えれば、アルバム消費量だって増える。やるなら他社より良いものが作れるはずという、勝手な見込みだけだった。

今後も、紙に関連した商品なら、何でもやってみようと思う。今、力を入れているのは、納税通知などに用いられる、秘密の部分をシールで覆った「ビジネス・フォーム」。プライバシーを重視する傾向

証言 あの時

手際よく苦情を処理

トヨタ東京カローラ代表取締役会長（当時トヨタ自動車販売販売拡張部事業課長）
西村　晃さん

トヨタ系列の全ディーラーのセールスマン用と、年末に顧客に配る手帳の計約十六万冊を仕入れていた。一九七〇年代の初めごろ、その一部で革表紙の赤色の染料が落ちて服につくというトラブルがあり、苦情を言ったところ、即座に全品交換のうえ、ナカバヤシの社員が手分けしてディーラーに謝罪行脚した。手際がよく徹底した処理の仕方に、信用を傷つける要素を一切排除するんだという執念を感じた。

はこの先も強くなるから、官需、民需ともに有望市場だ。九二年から始めて五〇億～七〇億円の売上高に育った。一〇〇億円に達して次の柱になる日は近いと見ている。

――九六年には定款を変更してリサイクル事業にも本格的に乗り出した

うちの工場で大量の紙ごみを排出することから、その処理をどうにかしようと始めた。しかし、この分野は家庭から意識が変わっていかないと、本当の市場には成長しない。紙シュレッダーの家庭版を、一万円以下の価格で商品化できないかと企画を進めているが、本格的に売れ出すのは五年、いや十年後ぐらいになるのではないか。その時に他社をリードできるように、準備を整えておく。

新幹線の検査で高度な技術ＰＲ

非破壊検査

社長　山口《やまぐち》 多賀司《たかし》

昭和五年生まれ

——「安全の防人《さきもり》」を自任しているとか

高度技術社会を支えるのは、技術と人間性だ。検査も同じで、進化する科学技術に対応できる高度な検査技術と、人の苦しみや悲しみを想像できる豊かな人間性があって初めて成立する。例えば、一九八五年の御巣鷹山の日航機墜落事故なんか、当時の検査技術をもってすれば、あの程度の隔壁の欠陥を発見するのは、小学生の宿題並みにたやすいこと。そして検出した欠陥の危険性を、乗客の安全性を守る立場で真剣に検討していれば、五百二十人の尊い命を犠牲にすることはなかったはずだ。うちの社員には、常々、大切なのは豊かな人間性だ、と語り続けている。それがこの四十数年間だったとも思う。

——この道に入ったきっかけは？

五五年八月、都立工業奨励館で主任研究員をしていた仙田富男先生（故人、大阪大名誉教授）に出会った。戦争末期の東京大空襲がもとで父と弟を失い、母と二人きり。何とか大学は出たものの就職口がなくて、飯のタネはないかと暗中模索していた時期だ。仙田先生は初対面の私に三時間、汗もふかずに机をたたきながら非破壊検査の重要性を力説された。非破壊検査という言葉すらなかった時代だが、私は話の中身もさることながら、これほど自信に満ちた人を見たことがないと感銘した。食いぶちを探しにいったつもりが、逆に知人に資金を融通してもらい、無償の門下生第一号にしてもらったんだ。

――二年後に創業するが、なぜ大阪に？

仙田先生のもとに日立造船や川崎重工など関西の大企業から若い研究員が来ていたんだが、彼らが「新しい事業をやるなら大阪だ」と強く勧めてくれた。実績を重視する東京と反対に、大阪は実利主義だ、と。だれが作ろうと、どこで使われていようと、良いものは引き合いが必ずあるというんだ。それなら五万円弱の現金を懐に、身の回りの物だけを手に大阪駅までのこのこやってきた。

――実際に体験した大阪はどうだった？

「考えときまひょ」という大阪弁。創業時は金属内部の傷を調べるためのエックス線、磁気、液体浸透という三種類の探傷装置を売り物にしていた。大阪から神戸までの約三百社を自転車で営業に回ったんだが、どこへ行っても「考えときまひょ」と言われた。それが断りの言葉だとわかったのは後年のことで、その時は「脈がある」と喜んでいた。ところが、何回訪ねても答えは一緒。相手は最初から使う気なんかないんだから（笑）。

でもね、良い意味の錯覚をして、可能性があると思ったから頑張れたんだ。東京の言葉で「だめだよ、そんなの使わないよ」なんて言われていたら、一年ももたずに辞めていただろう。起業のゆりかごとしての大阪が、端的に表れている言葉だと思う。この言葉には感謝している。

――会社としての転機はいつ？

東海道新幹線のおかげで、非破壊検査という言葉が比較的ポピュラーになった。騒音防止のために継ぎ目なしのロングレールを初めて採用したんだが、溶接部分の検査をするのに当社から二人派遣して、全線にわたる非破壊検査を単独受注した。世界で初めてのロングレールだったもので、当社より旧国鉄が検査法をPRしてくれた。まだ左翼運動が盛んなころで、破壊活動防止法にからむ何かの思想団体と間違われるなんていう笑えない話もあったんだが、それ以来、少なくとも企業の検査部門で非破壊検査

わが社の歩み

機械や建築物、またそれらの部品を壊したり分解したりせずに、内部の安全性を検査する「非破壊検査」技術のパイオニア。四十二周年を迎えた九九年三月期の売上高は一五二億円、経常利益は一二億円。二〇〇二年の上場を目指して準備を進めるかたわら、海外進出にも積極的で、今世紀中に中国の上海、広州の二か所に合弁会社か分公司を作るほか、その後マレーシア、インドネシア、さらに中東、アフリカへの拠点作りを計画している。

「安全な高度技術社会の構築は教育から」（山口社長）と働きかけた結果、九七年四月、群馬県立桐生工業高に「安全管理技術教科」が新設された。

ウエートの大きい原発関連の検査が今後、減少する見込みで、新分野の確立が急がれる。

1957　大阪市都島区で創立
62　東京営業所開設
64　東海道新幹線の軌道溶接部の検査実施
67　原子力発電所の建設時検査を開始
77　損害保険大手五社が非破壊検査職業危険特別保険を発売
検査の欠陥による事故の補償をする世界初の制度がスタート
87　科学技術庁長官賞受賞
93　安全工学研究所開設
94　大連日華設備診断有限公司設立

証言 あの時

哲学しっかり持つ

大和銀行相談役（当時副頭取）安部川澄夫さん

七八年に当時の船場支店長が「面白い会社がある」というので、船場の本社で初めて山口さんに会った。哲学をしっかり持った経営者で、小規模な会社ながら、原発や石油コンビナートから遺跡の検査までやるという。全産業を商売の相手にするかのような広がりと深さに大きな将来性を感じて、取引を深めるよう指示した。いま私は年に一回しかゴルフをやらないが、相手は決まって山口さんだ。陰に陽に、良き相談相手として現在に至っている。

という言葉を知らない人はいなくなった。

――時代とともに、検査技術も進歩するのか

七〇年代前半までは、プラント建築時の検査が主体だったが、オイルショックで大規模プラントの新設が少なくなり、既存の施設の経年変化検査が多くなった。傷だけでなく、腐食や劣化などを調べる必要性から、技術の幅が一挙に広がった。現在はさらに、機械を止めずに検査するオン・ストリューム・インスペクションの時代にさしかかっている。稼働している状態で中身を細大漏らさず調べるのだから、リモコンとモニタリング技術の飛躍的向上が必要だ。

――今後の夢は？

安全の一極管理。例えば明石海峡大橋でも海外のどこかの油田プラントでも、そこのある一点で起きた破壊の予兆をセンサーで感知して、衛星を通じて当社の管理センターに送信してくる。センターでは、送られた信号の危険度を評価した上で「片側通行にしなさい」などの応急対処法を指示するというシス

証言 あの時

蒸気発生器、予想外の傷

元三菱重工業常務（当時原子力品質保証部長）日根野鉄雄さん

原発の定期検査では常に一緒に仕事をした。蒸気発生器に生じるさまざまな傷も当時は予想の範囲外のことが多かったから、双方で知恵を出し合ってね。当社で作らなければならない検査機器でも、緊急時には作ってもらうなど、無理も聞いてもらった。同社なくして定期検査はできなかったと言っても過言ではない。ほかの産業などへの進出は、「安全のコスト」について原発ほどの理解を得ていないから、山口さんも苦労されたと思う。

テムだ。

建築物の中でわずかな亀裂が発生した瞬間に、独特の音波を出すことはわかっており、それだけを拾える高感度センサーの開発が一つのカギになる。実現すれば、世界中の施設の危険度を大阪で管理することも可能になる。それが二十一世紀に向けた私と会社の夢だ。とりあえず十年以内にシステムを完成させたい。

「高級品の大衆化」テーマに市場拡大

田崎真珠

社長 田崎《たさき》俊作《しゅんさく》

昭和四年生まれ

——実家が真珠養殖業だったとか

父が一九三三年から長崎県で始めた。命がけといってもいいくらい打ち込んでいるのが、子供心にわかった。戦時中に父が飛行機製造工場に徴用されることになり面接に行ったんだが真珠なんかお国の役に立たないと言われて激怒し、真珠しか作れない私が作る半端な飛行機より、真珠の方が役に立つ、とやって不合格になったぐらいだ。

——それが真珠加工を目指す原体験だったのか

それはちょっと違う。戦後まもなく、進駐軍を見てアメリカ人というのは何と豊かなんだろうと、カルチャーショックを受けたことが大きい。軍服のズボンのすそにきれいに折り目が通っているし、たばこは吸いかけでまだ長いのにポーンと投げ捨てる。

こちらは海軍兵学校から九州の実家に帰ったばかりで、商業専門学校に通っていたんだが、替えの服もないから着たままの学生服でね。この落差はいったい何なんだ、どうしたら縮まるんだ、と考えたのが始まりだ。

真珠は当時ほぼ一〇〇％が輸出だったから、戦争に負けた悔しさもあって「よし、真珠で米国の連中から金を巻き上げてやろう。これからは経済の戦争だ」と。父が作った真珠に素晴らしい加工を施して、思い切り値打ちをつけて売ってやるんだと決めた。

――そして神戸に

当時から真珠の取引の中心だったし、父がすべて

わが社の歩み

真珠の一貫メーカーで国内最大手。九八年十月期の売上高は三七四億円、経常利益は一五億円。九六年十月に東京・銀座の日本堂ビルを買収、ここに九七年十月、六十を超える国内店舗の〝総本山〟として「田崎真珠銀座店」をオープンした。

九六年以降、淡水真珠養殖の盛んな中国・上海近郊に加工工場を作り、ミャンマーでの南洋真珠の養殖事業を始める一方、米国の真珠宝石卸会社を買収。台湾をはじめとする海外店舗数も九店に拡大するなど、原料調達と販売の双方のネットワークを世界に広げつつある。

総合宝飾メーカーを目指し、八八年からダイヤモンドの自社研磨を開始、九四年にはデ・ビアス社から直接ダイヤモンド原石の供給を受けられる「サイトホルダー」の権利を取得した。

1954 田崎俊作氏が個人創業
59 ミス・ユニバース日本大会に協賛
株式会社に改組
62 東京・銀座に出店
66 香港に輸出、販売の拠点を設ける
85 大証二部上場
88 イスラエルでダイヤモンド研磨の現地法人を設立
93 東証・大証一部に指定替え
94 デ・ビアス社から「サイトホルダー」の権利を取得

の真珠を卸している「鄭旺《ていおう》真珠有限公司」という加工販売業者がいた。鄭旺はもっと良い珠《たま》を安く仕入れられる生産者があるかもしれないのに、それをしないし、父も高く買ってくれる人がいても浮気をしない。商売人として良い関係だなぁと思い、そこで修業させてもらうことにした。

三年半の間、毎日七時間、ひたすら指で真珠を選別する作業の繰り返しだった。一時間で平均一万個もの珠を色、形、大きさによって分けてゆくので、しまいには中指の爪が生えなくなったくらいだ。おかげで今でも一個の珠を三十秒間見つめれば、何千個という真珠の山の中に混ざっても、その一個を捜し出すことができる。真珠を見る目にかけては、社内で私の右に出る者はいない。

——会社の転機は？

五六年だった。ローディンという米国人バイヤーと出会った。そのころは、米国からバイヤーが来日するというと、業界仲間やホテルに張った情報網で、いつからどこに滞在するのかをキャッチして、加工業者がホテルに出向いて買ってもらうのが常だった。ロビーで順番待ちして、ようやく部屋を訪ねたところ、ローディンはいすに座ってそっぽを向いてね。こちらが値段を言うと、たばこをふかしながらチラッとだけ品物を見て「もっと安くしろ」とばかりに首をふるんだ。他の業者はいざ知らず、私はぎりぎりの値段を持ち掛けている。だいいち日本人をばかにしたような態度は許しがたかった。

それで、つたない英語で「あんたは真珠を知っているのか、価値がわからないようなら商売をやめたほうがよい」って言ってやった。そうしたら、初めて私の顔を見た。こんないかつい顔だろ（笑）。驚いたのかネックレスを二〇万円分だけ買ってくれたよ。

——それから親交が深まるのか

間もなく妻君を連れて訪ねてきて、何日もウチの真珠を見ているうちに「タサキが最高値と思う値段

証言　あの時

決断力が経営の神髄

ノーリツ会長（元社長）太田敏郎さん

私は海軍兵学校で田崎さんの二年先輩。創業して間もなくのころ、元町のガード下で兵学校OBが集まって安酒を飲んでいると、田崎さんがボロボロの軍服姿で現れ「七十七期の田崎です。九州から出てきて真珠をやります」とあいさつしたのが出会い。そのころから「日本一の真珠屋になる」と言っていた。真珠不況のころだったと思うが、融資を渋った銀行を、調子の良い時だけ金を出すような銀行はいらんと、容赦なく切った。彼の経営者としての神髄は決断力だろう。

から五％引いてくれ。そのかわり出された真珠は全部買う」と言ってくれた。真珠の仕入れというのは玉石混交、駕籠《かご》単位でどさっと買うようなものだから、全部売りさばけるというのは本当にうれしいことなんだ。それ以降、米国でローディンの扱う真珠製品を見たバイヤーが、神戸まで買いつけに来るなんてこともあった。彼との取引が〝呼び水〟となって、商売が順調に回りだした。売り上げも五〇〇〇万円から一五〇〇〇万円、四〇〇〇〇万円、八〇〇〇〇万円と、倍増していったが、むしろうれしかったのは、海外資本の買い手が圧倒的にリードしてきた真珠市場を、売り手市場に変える風穴を開けたことだ。

――業界では長く異端児扱いをされたようだが

創業の精神は「真珠の高級感を損なわず、国内消費のすそ野を広げる」というもの。相反するテーマのように映るが、父が精魂を込めた真珠を粗末に扱いたくない気持ちと、育ててくれた母や祖母のように貧しい女性にも身に着けてほしいとの思いを込め

証言 あの時

早くから管理者研修

川崎重工業顧問（元人事部教育課教育係長）砂野耕一さん

一九六〇年代の初めに神戸青年会議所で知り合って以来の付き合い。早くから新入社員や管理者の研修を導入し、職人芸の世界だった加工メーカーのイメージを変えた。養殖から小売りまでの一貫体制を築くために、良質のアコヤ貝を育てる人工採苗技術の開発とか、東京への出店など先行投資が多かったから、「田崎はつぶれる。付き合うな」などと言う同業者も多かった。ところが、結果は逆。常に革新を求める経営姿勢に尊敬の念を抱いている。

た。そこで、六二年に東京・銀座に出店して、日本女性をターゲットにする方針を明確にした。まだ国内に確固たる消費者が存在しなかったころだから、積極的にテレビ・コマーシャルをしたり、ミス日本のスポンサーになったり宣伝し回った。高級品だからといって、〝深窓の令嬢〟ばかり相手にするような閉鎖的な商売をしていたんでは、いつまでたっても市場は広がらない。高度経済成長という時流に乗れたことも大きいが「高級品の大衆化」というテーマが両立し得ることは、その後の市場が証明した。だから、私自身は「異端児」という言葉には違和感があるんだ。だれか、経営と市場の近代化の先駆者とでも言ってくれないかなあ。

社員の熱意に託し　カード社会に新風

グローリー工業

会長　松《まつ》下《した》寛《かん》治《じ》

大正十二年生まれ

――貨幣処理機や自動販売機のメーカーとして知られるが

今や現金からキャッシュレスへと時代は変化してきている。既存事業も大切だが、お金にかかわるメーカーとして、現金から電子マネーまで幅広く扱おうと、カード事業に力を入れているところだ。まだ売上高は一〇億円と小さいが、最近、実用化したICカードなどの将来は明るい。

――最初の商品は

八六年に発表した「Pカード」という紙製の磁気カードがスタートになった。社員食堂や遊園地では現金代わりに使えるプリペイドカードとして利用されている。商店街では、購入金額に応じて、サービスポイントを印字するプレミアムカードとして、スタンプの代わりとなった。

――どういうきっかけで

新事業を検討していた八二年ごろ、堂野君という優秀な社員がいて「これからはカードが切り口になる可能性がある」と提案した。それで、彼を中心にシンクタンクのような組織「グローリークラブ」を旗揚げしたんだ。本社のある姫路におったんでは難しいやろと、東京・赤坂の一等地に思い切って事務所を借りた。分不相応なのをね。

――その決断に不安はなかったのか

まったくなかったと言えばうそになるが、失敗を恐れていては何も生まれない。前向きにやるしかない。やりたいという社員の熱意にかけたわけだ。当初は小切手代わりとなるカードを開発した。小切手の処理は人手に頼る部分が多いので機械化したいというニーズは強いだろうと。それで、紙に金額を手書きするかわりに、カードに金額を打ち込もうとした。カードを発行する端末機や読み取り機も開発、新小切手処理システムとして米国の銀行に売り込んだ。「一銀行の判断を超える」と断られたが、アイデアは絶賛してくれた。

そこで国内市場に目を向けたんだ。当時すでにテレホンカードがあったが、テレホンカードでは、電話機にカードを入れないといくら残高があるかがわからない。それで、印字ができるカードをもっと安く作ろうと検討しているうちに、紙製のPカードができた。プラスチックカードに比べると記憶容量も三倍。随分注目された。やはり何でも初めにやらんとあかん。

――クレジットカードで買えるプリペイドカードの自販機も作ったとか

これで、無人の自販機でカードを売っても安心できるようになった。自販機内でプリペイドが出てくる時に印字する。印字されて初めてカードに価値が生まれる。自販機を壊して盗もうとしたって、金は入っていないし、白地のカードがあるだけだもの。

蓄積してきた自販機のノウハウがカードと組み合わさったんだ。

――社長時代に株式上場をした。これも大きな決断だったのでは

社長に就任した八〇年ごろ、売上高が一〇〇億円に達したので、三年後にしようと決意した。ただ、上場となれば、それにふさわしい企業にならなくてはいけない。一流の先生の指導を仰ぎながら、企業体質の改革に取り組んだ。

品質や納期、コストを総合的に管理するインダストリアルエンジニアリングの権威である新郷重夫先生には、徹底して教えていただいた。段取りに時間

わが社の歩み

電球製造機の修理、販売がルーツ。造船会社の下請けとして苦難の時代が続いたが、戦後、創業者の故尾上寿作氏が自社製品の硬貨計算機を開発、一九五〇年に造幣局に納入した。

三井造船の造機部長だった山下勇氏（元JR東日本会長）から勧められた自動販売機の開発にも成功し、下請けから脱却した。

貨幣処理機の市場専有率は約五〇％、たばこ自販機も約三〇％とトップを誇る。カード事業にも進出。現金、プリペイドカード、電子マネー（ICカード）と、主力製品も変貌しつつある。

本社は兵庫県姫路市。社員数は約千八百人。九九年三月期は売上高六六七億円、経常利益三七億円。「創造こそわが社風」が合言葉。

1918 国栄機械製作所創業
50 国産第1号の硬貨計算機を大阪造幣局に納入
53 銀行向け硬貨計算機を開発
58 国産第1号のたばことチューインガムの自動販売機を開発
80 松下寛治氏、社長に就任
83 大証二部上場
86 紙製磁気カードを開発
96 クレジットカードで買えるプリペイドカード販売機を開発
97 電子マネーに対応した情報端末機開発

証言 あの時

物事を否定せず推進

水墨画家（元グローリー工業企画室長）
堂野修吾＝雅号・夢酔＝さん

アメリカの小切手から手書きをなくそうとカードの開発に取り組んだ。社内には「小切手はアメリカの根幹をなす経済システム。それを変えさせるなんてできるはずがない」という声もあったが、松下社長は「物事を否定しては何もできない」と推進してくれた。否定されていたら、カード事業は育っていなかった。昨年、退社を決めた時は「グローリーという土俵を超えて生きなさいとの天命かもしれない」とかえって激励してくれた。

がかかるのは、多品種少量生産ゆえ当然と思っていたが、先生には「作業に無駄が多い。ロボットの導入も必要」と指摘された。そこで、言われた通りにやると、段取りの時間がどんどん短くなる。生産量は倍増した。

――念願の上場を果たした後は？

上場してまだ二年の八五年、円高不況で減収減益となってしまった。八八年に創業七十周年を迎える。大変なことになったと、八七年から、コストの半減、品質の二倍向上などを目指す社内の大運動を起こした。これで、九〇年には過去最高の業績を上げることができ、ほっとしたよ。

――今、急務になっている「にせがね」対策は

重さ、大きさで判断する従来の機械では、日本の五〇〇円硬貨のかわりに、韓国の硬貨などよく似たサイズの外国硬貨を投入しても、五〇〇円玉として扱われることがあった。しかし、最近売り出した機械は、硬貨表面の模様を識別する画像センサーを搭

証言 あの時

希望を与える情熱家

姫路独協大学就職部次長（元姫路商工会議所専務理事）椴谷《もみたに》力生さん

夢を熱っぽく語りながら、社員に希望を与えて引っ張っていくタイプ。モノ作りをする企業のリーダーにふさわしい。最近は、地元の若手経営者に取り囲まれている松下さんをよく見かける。地域のナンバーワン企業に成長してからは、どうすれば地域の発展に貢献できるか、地域社会から信頼される企業になるか、を気にかけておられるようだ。社員だけでなく、彼の情熱をもって若手経営者にも、ぜひその経営哲学を教えて行ってほしい。

載している。厳しくチェックできる。

――東京や大阪に本社を移さなかった理由は

地方に本社があるからこそ優秀な人材がとれる。「グローリーに自分のやりたい仕事がある」「地元に戻りたい」などと来られる人が少なくない。東京には情報をキャッチする部隊があればいい。グローリーは姫路という街に育ててもらった。地域に貢献したいという思いもある。

――九八年に創業八十年を迎えたが

もっとも最初の三十五年間は造船会社の下請けだった。今のグローリーがあるのは、実質的な創業者である尾上寿作さん（故人）の決断があったからだと思う。自社製品の開発や下請けからの脱皮を執念のように説いていた。

技術者の意地が世界市場を制覇

日本セラミック

社長　谷《たに》口《ぐち》義《よし》晴《はる》

昭和十一年生まれ

――脱サラして創業したとか

セラミックスの一種のフェライトを製造する中堅メーカーで、技術部門の部長代行課長だった。ある大手電機メーカーの傘下に入ることになり、リストラ、というより猛烈な従業員減らしが始まった。そのさなか、ある特許を出願しようと上司に申告したら、「こんなものできるわけがない」と、りん議にも上げずにつぶされた。それで、個人で出願したんだ。その技術には、自分でも絶対の自信があったから。

会社再建の途上だったから、「金がかかるだけの技術者はいらない」とか、「本当に自分が技術者だと思っているなら、会社を辞めても持っている技術で飯が食えるだろう」とか言われて、堪忍袋の緒が切れた。それまでは、私も技術で社にいくばくかの貢献をしたとの自負や意地があるから、こんなところにしがみついていられるかって、辞めた。同僚と四人で五〇〇万円を出し合って、今の会社を作ったんだ。

――そのときの特許が、後々ヒット商品を生む

三洋電機のリモコン付きテレビ「ズバコン」だ。誤作動のないリモコンを売り文句に大ヒットしたテレビで、そのリモコン・センサーを当社が作った。当時、テレビのリモコンが流行の始まりの時期だったが、振幅変調だったために、電話の呼び出し音やドアやふすまを閉じる音など、いろいろな音にセン

わが社の歩み

セラミック利用のセンサー製造でトップ。九八年十二月期の売上高は一〇四億円、経常利益は一五億円。輸出比率が七割を超える。九〇年に、鳥取県内の企業としては初めて上場した。

主に防犯用に用いられる、人体などの温度を感知する遠赤外線センサーと、家電のリモコンなどに用途の広い超音波センサーは、ともに世界で六割以上の市場占有率（シェア）を持つ。

円高対応で八〇年代から中国拠点の整備を進め、現在は現地法人一社、合弁会社五社がある。九七年には香港とアメリカに現地法人を開設した。

次世代の製品として、ＮＴＴから高耐圧性の誘導体分離型基板（ＳＯＤＩＣ基板）の製造基礎技術の移転を受けたほか、殺菌や脱臭に効果があるオゾン発生機など環境関連機器の開発にも力を入れる。

1975	鳥取市内に創業 超音波センサーの特許を取得し、三洋電機向けリモコン部品の量産開始
78	防犯センサーで米国市場に進出
79	国産初の焦電型遠赤外線センサーを開発
86	中国・上海に合弁会社設立
90	大証新二部上場
92	大証二部上場
96	ＮＴＴからＳＯＤＩＣ基板の製造技術の実用化を受託

サーが反応して、ひとりでにスイッチが入ってしまうというのが、悩みの種だった。

私が開発したのは、周波数変調式。自然界には存在しない音波だから、紛れがなく、誤作動がないものだ。ラジオでFMの方が聴こえやすいのも同じ理屈。

――三洋電機に採用されるきっかけは

いろいろな特許公報を見て、発明者に電話をかけた。こちらの持っている技術とミックスして、こうすればあなたの発明はこれだけの価値がある、一緒にやりませんか、と声を掛けるんだ。技術を軸にマーケットを狙い撃ちしていった。その中で、三洋電機さんと縁ができたということだ。

――受注後はスムーズに生産できたというが

いや、量産体制をとるのが一苦労だった。物置に使われていた二階建てのプレハブを一つ借りてね。知り合いに生産ラインの見積もりをしてもらったら四〇〇〇万円だっていうから、自分たちで手作りした。半導体から鉄骨、耐火れんがもすべてスクラップをもらうか、格安でわけてもらって、結局一六〇万円であげた。

ただ困ったのが、支払いが九十~百二十日というロングサイトの手形だったこと。売れれば売れるほど材料の仕入れ資金に苦しむという皮肉な状況だった。小学生の娘の積立金まで取り崩し、金になるものは全部換えた。しかし、特許の有効期限が切れた現在では、リモコンと言えばFMだ。情けない思いをした分、足跡を残せてよかったと、しみじみ思う。

――間もなく海外との取引を始めるのだが

いろいろな試作品をこしらえて売り込みに回ったが、国内では他にどこも相手にしてくれなかったから。それに、貿易なら出荷と引き換えに現金が手に入ると思った。書店で貿易実務の手引書を買ってきて、そこに書いてある通りに海外との折衝を始めたんだ。素人ならではの、面白い経験もした。

――と言うと?

証言 あの時

会社支えるひらめき

鳥取商工会議所会頭　米原正博さん

今でこそ経理や人事など会社組織の運営全般にも明るいが、創業間もないころは根っからの技術屋で、酒を飲んでいても周囲が閉口するぐらい、仕事の話しか興味がないという風だった。勤めていた会社で「技術者は不要」と言われた時の悔しさを負けじ魂に変えて、技術に対する関心と自信だけが支えているように見えた。谷口さんがもっている技術者同士のネットワークと、独特なひらめきが、会社の屋台骨になっているようだ。後継者の養成が今後の課題ではないか。

海外向けの企業情報誌に載った広告を見て、ゼネラル・エレクトリック（GE）のカナダ法人がコンタクトをとってきた。リモコンのセンサーを作ってくれというので、ラインをまた手作りして、注文書通りのセンサーができたから、「金を送れ」と言うと、向こうからは「荷を送れ」と言ってくる。こちらは手引書通りのやり方しか知らないから、GEが輸出信用状を起こして、保証金を銀行に積むのを待っていたんだが、相手は天下のGEだ。日本の大企業相手にでも手形で商売していた。二週間ほど「金」「荷」の押し問答の末に、事情を察してくれたのか、とうとう金を送ってきた。こちらは当たり前のことをしただけと思っていたら、後になって「日本で初めてGEに現金払いをさせた企業」だというんだ。

――海外企業から信頼を得るのは大変な作業では

むしろ、実績を重視する日本企業の方がやっかいだった。欧米の企業には、こちらの技術の優秀さを

証言 あの時

「足」で見る目を養う

鳥取銀行頭取　八村輝夫さん

十数年来の付き合いで感じるのは、ビジネス・パートナーを見る目が非常に正確だということ。海外への進出が成功したのも、それに負うところが大きい。例えば、中国での合弁事業では、少し調子がよくなると現地のパートナーが勝手に事業拡張やもうけに走るなどしてうまくいかなくなることが多く、事業の成否は相手選びにかかっているといっても過言ではない。谷口さんは商社など外部の力を頼まず、自分で歩いて情報を集め、パートナーから販路まで開拓した。

見せてやれば良い。合理的なんだ。米国の警備保障機器メーカー、アリテックの人間が防犯用のセンサーの商談で来たときも、初めは英語を話せるスタッフがいないので驚いていたよ。こちらは一度つかまえた取引先を逃がすものかと必死だから、夜の八時に彼らをホテルまで送った後、すぐに会社に引き返し、仕様書をもとに金型から起こして、翌朝までにセンサーのサンプルを完成させた。朝、彼らにそれを見せて「あんたらの欲しいのはこれか」って聞いたら、「お前は魔法使いか」って跳び上がってた。そのことがきっかけで良いビジネス・パートナーとして認めてくれた。

全員で徹底討論　経営再建果たす

マンダム

社長　西《にし》村《むら》元《もと》延《のぶ》

昭和二十六年生まれ

——約二十年前に経営危機があったというが

創業以来、最大の危機と言ってもよい。七八年、代理店を経由する販売方式から、直販に切り替えたのが結果的に悪かった。全国に約百社あった代理店との取引をやめて、新たに七十三の営業拠点を新設。人も大量に採用した。その投資負担に耐えきれず、収益が大幅に悪化し、八一年には、本体と子会社の販売会社で、計一〇億円もの経常赤字を出した。

——なぜ、直販に

スーパーなど量販店の台頭で、当時はあらゆる小売りが乱売合戦を繰り広げていた。男性用化粧品「マンダム」シリーズは、テレビCMが浸透していたこともあり、インパクトのある存在だった。逆に言えば、小売店が値引きして「目玉商品」とするには格好の商品だったわけだが、その圧力を受けるメーカーはたまったものではない。

そこで、自前の流通手段を持つことが、収益を上げる近道だと考えた。しかし、完全な失敗だった。二年後には元の代理店方式に戻し、総退陣に近い経営陣の入れ替えをやって、新体制に移行した。

――どのようにして再建を

理念の共通化のために、五か年の中期経営計画を策定し、実行に移した。こう言うと簡単に聞こえてしまうが、文字通り、全員参加の作業だった。役員の平均年齢が五十九歳から四十二歳へと若返り、経験がない分、みんなの知恵を借りざるを得なかったというのが、正直なところかな。

策定作業では、課長職以上の全社員が何回も合宿して、社内の総点検をやった。英単語カードのようなカードに、気づいた問題点や課題を全部書き出してもらったんだが、多い人で百枚も出してくるから、会議室の壁面を埋め尽くすほどの数になる。それを、似かよったテーマごとに分類し、全員がすべてを覚えることから始めて、あとは討論の連続だ。夜、部屋に帰ってからも、思いおもいに集まって、酒を酌み交わしながら、討論を続けた。これを繰り返して、一年がかりで計画を作り上げた。

――計画を実行する際の苦労は

今度はそれを末端まで浸透させていくために、各部署で徹底的に討論した。徹夜になることも多かったが、面白いのは、話し合ううちに、考えが「天動説」から「地動説」に変わっていくんだ。店頭で品切れが多いという課題があると、営業サイドは、生産部門が悪いと言う。ところが生産計画は、営業マンが積み上げた販売計画に基づいて策定しているのだから、もともとは、営業マンが自社商品や他社競合品の動向を正確に把握していない、ということになる。「天」が悪いのではなく、自分の足元の「地」が悪かったと気がつくんだ。

二年間、新製品の開発も、他社との競争も後回しで社内のベクトル合わせに全力を注いだ。おかげで、三年目からは組織が急速に回りだした。部署を横断するプロジェクト・チームをいくつも作り、そこでは役員も入社したての社員も同じテーブルで議論した。意見を自由に言わせたから、若い社員にも、会社の再建に自分の働きが反映されていくのが分かったと思う。

――プロジェクト・チームからの成果は何か

数えきれないが、例えば「情報カード」。これは、「小売店を何軒回った」「営業車で何キロ走った」という式の、管理のための営業日報をやめようという提案から始まった。その代わり、店頭で集めた消費

わが社の歩み

九七年十二月に創業七十周年を迎えた老舗《しにせ》の化粧品メーカーで、男性用では資生堂に次いで二位の市場占有率。九四年に創業の地、大阪市中央区十二軒町に新本社を建設した。九九年三月期の売上高は二七六億円、経常利益は二七億円。

八五年に男性化粧品で初めて「泡」商品を発売するなど、優れた商品開発力のほか、若い社員に自社の財務分析をさせるなどユニークな経営姿勢でも知られる。海外拠点は九か所で、それぞれ主に現地向け化粧品の製造販売をしている。

七〇年に発売した「マンダム」シリーズは、テレビ広告にチャールズ・ブロンソン氏を起用、せりふの「うーん、マンダム」は流行語になった。現在の主力は「ギャツビー」「ルシード」など。

1927	西村元延社長の祖父、新八郎氏が大阪市内に金鶴香水株式会社を創業
59	丹頂株式会社に社名変更
70	「マンダム」シリーズ発売
71	現社名に変更
78	直販に移行
80	代理店方式に戻す
83	第一次中期計画開始
88	株式を店頭公開
95	元延氏、四代目の社長に就任

証言 あの時

問屋の立場を考慮

化粧品卸「井田両国堂」（東京都新宿区）社長　井田隆雄さん

メーカーが売り上げの帳じりを合わせるために、月末や期末に半ば強引に商品を問屋へ納入してくる「押し込み」などが一切ない。常に在庫がきれいな状態になっているようにと、問屋の立場を真剣に考えてくれる数少ないメーカーだ。流通構造の変革とともに、大手でも合併の動きが増えるなど問屋の淘汰《とうた》が進んでいる。それだけに、男性用だけでなく、女性用でも他社と差をつけられるような、マンダムならではの商品開発を期待したい。

者の声など、何でもいいからカードに書いて提出するというもので、年間で総計約五万枚にもなる。それを読んで交通整理する専門の社員を置き、業務をスピードアップさせた。そして、その中から、また新たな成果がたくさん生まれている。

――例えば

八九年に発売した無香料の男性化粧品「ルシード」がそうだ。開発のきっかけは「髪に香りはいらない」という一枚の情報カードだった。賛否両論あったが、街角でアンケートした結果、支持層が予想外に多いことが分かり、開発した。さらに追跡調査で、利用者の二割は女性と分かり、女性用「ルシード　エル」の発売につながった。

――現状をどう分析しているか

スーパー、コンビニなどとの商談は、従来とまったく様相を異にしている。少し前までは量販店でも仕入れの権限は各店の担当者が握っているケースが多かったが、今はすべて本社が中央集権的に決める。

それも、商品の開発段階から、店頭に置いた後の納入の電算処理まで、トータルで話を詰めていく。営業マンが売り歩いた営業から、戦略的商談に変わった。

スーパーなどは今、売り場で、いかに他店と差をつけるかが課題になっている。当社の海外拠点で、日本に出回っていない化粧品を調達して輸入を代行したり、エステティック・サロンを事業にしている子会社をスーパーに展開するなど、グループ力で、いかに魅力ある提案ができるかが、今後の分かれ道になる。

証言 あの時

長期的な共栄探る

化粧品・日用雑貨卸パルタック（大阪市）副社長　三木田国夫さん

直販から代理店方式に戻すとき、現社長は営業部門の幹部だった。取引を再開してもらうよう、頭を下げて回る損な役回りを必死でこなしていた。数字にも強く、また常に新しいことに挑戦してゆこうとする姿勢は、世襲経営者には見られないものだ。九〇年に代理店への販売助成金（リベート）を廃止して納品金額を引き下げ、利益を即、代理店に還元するようにしたのも、流通秩序が激変する中で、長期的な共栄のために決めたのだと思う。

質の高い教育で人作り目指す

学育舎
社長 堀《ほり》川《かわ》一《かず》晃《あき》
昭和二十二年生まれ

——政治家だったとか

創業の四年前に、サラリーマンから松原市議に当選した。これが、教育にかかわる原点になったようだ。市議として義務教育に接したとき、その荒廃ぶりに驚いてしまった。公教育の現場が自ら改革する機能を失っているんだ。現場の教師たちと、教育行政が対立し、何か新しいことを始めようと施策や意見が出ると、互いにつぶし合う。表面上は人作りをめぐって争っているようでも、実際には生徒不在の議論だった。意見の中身ではなくて、相手の言い分は頭から否定してかかる、イデオロギー対立の色彩が強かった。そうしたものを見るにつけ、市議という第三者的な立場ではなく、プレーヤーとして参加したくなった。

――それで、大阪府松原市に塾を開いたのか

そうだ。七六年に、地元の小、中学生を三十人ほど集めて、講師は私を含め二、三人という小さな塾だった。それでも、自宅を開放するような「生業《せいぎょう》」ではなく、ビルの一室を借りて教室とし、株式会社としてスタートした。公教育のあり方に物申すことができるぐらいの、それなりの質と量を持った民間教育機関を育てたかったから。

――業績はどうだった

当時の親は、自分たちの苦労を子供に味わわせたくないという思いから学歴志向が強く、多子化傾向にあった。ちょうど今と逆だ。そういう追い風もあっ

わが社の歩み

関西を中心に、小、中学生対象の受験予備校「第一ゼミナール」などを展開する学習塾大手。大阪市中央区に本社を置き、九九年三月期の売上高は九三億円、経常利益は一二億円、生徒数は約一万九千人、講師はパートを含め約千二百人。近畿では業界トップ、全国では十位前後。

幼児から高校生までを対象にした受験指導のほか、近年は事業を多角化。高齢化社会に向けた会員制の健康・医療・介護情報サービス「ヒューマンシンフォニー倶楽部《くらぶ》」は、上場企業など三十四社、約七万人の会員を組織。

九八年四月一日に、大学入学資格検定（大検）の合格指導でトップの学育社（東京都、校名「第一高等学院」）と合併し、「学育舎」と社名変更した。

1976	大阪府松原市内に私塾「学研塾」開校 株式会社「学力研修社」設立
82	幼児教育分野に進出
87	第一教研に社名変更 塾名を現在の「第一ゼミナール」に改称
90	株式を店頭公開。資本金約10億円
91	生徒数が１万人を突破
94	会員制の健康・医療情報サービス開始、シルバー産業に参入
98	学育社と合併、社名を「学育舎」と変更

て生徒数は増え、堺、八尾などに教室を広げた。
しかし、そのときは事業の展開よりも、良質な講師陣をいかに集めるかが課題だった。やっと「生業」から脱皮した企業型の塾が各地にでき始めていた時期で、経営者側にはまだ、講師を長期的に雇用していくという発想が薄く、講師の方も「一般の企業に就職するから辞めます」という人が多かった。私は教育機関作りという目的があったから、安定雇用のために待遇保障に力を入れた。創業から五年間で、何とか教員の確保と受験指導のノウハウは蓄積できた。しかし、六年目からは、将来の少子化による市場の縮小が見えてきたのと、他社との競合が激しくなってきたため、戦略を本格的に練り直した。

――具体的には

一つは教室をどのように展開していくかだ。業界全体の調査をかなりやったところ、一つの地域での市場占有率（シェア）の限界は一五％とわかった。どこにも有名な塾というのがあって、地域の子供はほとんどそこに通っているのではと思うほど知名度が高い。しかし、そんな塾でも、調べてみると一二～一三％が限度。それで、当社は一五％を超えるシェアを目指す展開はやらないと決めた。
将来を見据えて、子供の数がどんどん減っていき、市場が縮小した時に一五％になるように目指そう、と。それで、当面の目安として一地域のシェアを三～五％と定めた。それを超えれば、やがて自社教室の間で子供の取り合いをする事態になることが、はっきり見えていたからだ。

――ほかには

もう一つは、サービスの質の向上だ。単に教科を教えるだけでなく、受験情報の提供や志望校の決定など、トータル・サポートができる体制作りを進めた。ただ、理解されにくいのは、受験指導が当社の看板だから、志望校に合格してもらわないといけないのだが、それはあくまで「目標」であって、「目的」は人作りだと言うこと。あいさつができたり、

証言 あの時

基本的理念が一致

大検指導・学育社（当時社長） 柳沼英治さん

当社が九二年ごろから店頭公開の準備を始めた時に、同業の先輩としてアドバイスを請うたのが最初の出会いだった。それから業務、資本の提携と進み、最終的に合併を決断したのは、人作りを重視するという教育観の一致があったからだ。両社の市場が異なり、相乗効果が期待できるという点も確かに重要だが、合併までには会計基準や社員の待遇など、数多くの現実的なハードルを越えなければならなかったが、基本的な企業理念の一致がなければとうてい克服できなかっただろう。

決まった時間に寝たりという家庭での生活習慣ができている子供ほど、成績が伸びる。そこで、一年に何回も保護者セミナーを開いて、家庭でのしつけや生活などに踏み込んだ提案をしている。

――少子化で、業界の先行きは厳しいと言われている

それは事実だ。生き残りには、サービスの一層の多様化と、子供の囲い込みが必要になってくる。例えば当社は、昨年から一人の先生に生徒が二人という個別指導塾を開校した。個別指導では、先生と生徒の相性が何より大切だから、最初の一か月間は「体験授業」として、生徒がじっくり先生を判断できる時間を設けた。今後、年に五校のペースで新設する予定だ。囲い込みというのは、幼児教育の段階で自社の生徒として捕まえること。最近、各社が競って幼児部門を充実させてきている背景には、そうした種まきをしないと将来の生徒数、売り上げが確保できないという事情がある。

証言 あの時

「教育屋」と一線画す

コンサルタント・ライブイン（大阪市）社長（元学習塾・イング教育アカデミー社長）辻本加平さん

八七年ごろに在阪の大手塾経営者四人が集まり、血液型が全員B型だったことから「4B会」というのを作って、情報交換とか自己研さんの場にした。堀川さんは、一言でいうと教育者。子供を道具にもうけようという世間一般の「教育屋」とは明らかに一線を画していた。家庭との連絡を密にしたり、情操教育をいち早く取り入れて、会社としてマニュアル化するなど、事業家としてもかなわなかった。

――学育社（東京都）と合併したが、これも生き残り策か

結果的にはそうなるかもしれないが、動機は違う。当社では、六・三・三制の公教育にうまくなじめない子供への対応が課題だった。大学に合格するばかりが進路ではなく、日本を抜け出して海外に留学したり、あるいは職能を身に着けるための学校に進学したりという多彩な選択を、一つの教育機関として提供したいと考えていた。学育社とは教室の相互利用など業務提携を進めるなかで、柳沼英治社長と基本的な教育観に共感を持てた。同社となら、新しい塾の姿を作れると考えて合併した。

米国移住が刺激「社会変革」志向

パソナ・グループ

代表　南部《なんぶ》靖之《やすゆき》
昭和二十七年生まれ

――学生ベンチャーの草分けとして知られているが

初めから起業家を志していたわけではない。大学四年の時には就職活動もしたんだ。しかし、企業訪問を始めたのが遅過ぎて、どこも相手にしてくれない。いくつ目かの企業の人事担当者に思わず、言ってしまった。「僕に会う時間も惜しいほど人手が足りないのなら、雇ってくれたらいいじゃないですか」と。そうしたら「人を一人雇うのに、いくらかかると思っているんだ。簡単に言うな」としかられた。その時、頭の中でピカッと光を感じた。

当時、僕は塾を開いていたんだが、生徒の母親たちを見ると、結婚前に会社勤めの経験があり、ある程度の技術を持っている。どこかで働きたいという意欲はあるものの、近所のスーパーのパートじゃ物足りないという。それで、雇用に大金を投じる気のない企業と、主婦業の妨げにならない程度に働きたい彼女たちを結びつけるビジネスが成立するんじゃないかと考えた。そこで、大学卒業前の七六年二月に、大阪市内に「マンパワーセンター」を設立したんだ。

――今は、一見何の会社か分からない

代表の僕でもそう思う。出発点の人材派遣業がメインではあるが、今は海外ブランド品を安売りしたり、ベンチャービジネスをアイデア段階から支援したりと、ばらばらの会社の寄り合いのようだ。しかし、根底に横たわる理念は一つ。「社会の問題点を解決する」ということだ。暮らしの中で「おかしい」「不便だ」と感じるところに、ビジネスチャンスがある。僕の所は、ビジネスを発案した者が社長となり、独立採算でやって行くのが原則だから、グループ内にどんどん新しい会社ができる。

――どうして、そういう形態になったのか

八七年に家族とともにアメリカに移り住んだことが大きい。そこで僕自身の物の考え方があらゆる点で大きく変わった。渡米前、すでにパソナは売上高でも登録者数でも、業界でダントツの一位だった。世界一を目指すためには、経営トップの僕が国際人でなければならないと、世界経済の中心、ニューヨークに拠点を構えたわけだ。

ところが、米国で分かったのは、売上高などの会社規模を争うことは、大した価値がないということだ。日本では売上高一兆円なんていうと、それだけで「立派な会社ですね」と言われ、経営者は尊敬の対象になる。しかし、海外では、特に米国で企業が評価される基準は「社会にどれだけ影響を与えたか」ということだ。一つの企業の存在によって、どれだけ人に幸福を与えたか、また勇気づけたか、あるいは社会のシステムを改善したか――。目指す「世界一」の中身が、すっかり変わった。

——具体的には、どう会社に反映したのか

創業からの社会貢献事業に加え、「文化創造」「社会福祉」という事業分野を社業の三本柱に据え、グループ内に新たなベンチャー企業を設立して行った。戦う企業体にもなった。

——戦う？

渡米前、中央省庁は僕にとって絶対権力者のような存在で、逆らうなんて考えもしなかった。それが、おかしいと思えるようになった。阪神大震災の後、被災者の雇用をめぐって、労働省と激しくやりあった。十数万人の被災失業者が目の前にあふれかえっているのに、労働省は「営利目的の民間企業の助け

わが社の歩み

人材派遣業の最大手。グループ代表でパソナの最高経営責任者（CEO）の南部靖之氏が、学生時代に創業したのが始まり。会社設立から十年後の八六年に労働者派遣法が施行されて、人材派遣業への社会的認知度が高まり、就業観の変化もあって業績を飛躍的に伸ばした。

人材派遣以外にも、ブランド品の輸入販売などにも進出した。阪神大震災を機に、東京都内での本社建設計画を中断し、グループ本部機能を神戸市内に移転。九八年秋、再び東京に戻した。

九九年一月期のパソナの売上高は一三四〇億円。現在、人材派遣の登録者数は約二十八万人、派遣先企業数は年間約三万七千社に上る。海外にも十四か国、計三十二の拠点がある。

1976	大阪市北区に人材派遣業、株式会社マンパワーセンター設立 東京都内に営業拠点開設 初年度の売上高1億8000万円
79	テンポラリーセンターに社名変更
84	初の海外拠点を香港に開設
90	グループ売上高が1000億円を突破
91	ニューヨークに国際人事部を設置 年間登録者数が10万人を突破
93	パソナに社名変更
95	グループ本部機能を神戸市に移す
98	神戸市から再び東京に移転

証言 あの時

無比な発想を展開

評論家　石川　好さん

約十五年前にベンチャー経営者の会合に出掛けた時、「南部でーす」と一人会場内を跳び回っていたのが出会い。その時マスコミの人らと、だれが一番先につぶれるかという話題になり、全員が「南部だろう。あれは話にならん」と一致した。私は逆に、最後まで残ると感じた。だれにも似ていないからだ。話がたまにホラと受け止められるのは、頭の回転が早過ぎるため、最終のビジョンが彼の頭の中だけにできあがり、途中経過を飛ばしてしゃべるから。日本人では極めて珍しい、天衣無縫《てんいむほう》の人だ。

はいらない」などと繰り返すばかりで、対策は遅々として進まない。それで、無料の相談窓口を設けて再就職のあっせんを続けた。

――同じ年、東京都の中止勧告を押し切って並行輸入の化粧品の安売りをしたが、あれもそうか

そうだ。輸入販売するには、メーカーが作成した成分証明書を都道府県に提出することが義務付けられていたが、メーカーは並行輸入による安売りを嫌う。総代理店以外に証明書を発行するなんてことは、まずありえない。一部業者の既得権益を保護するだけの規制で、世の中の役になんて全然立っていない。その証拠に、強行販売の時にあれだけ安全性がどうのと言っておきながら、三か月後には規制緩和で事実上、並行輸入が可能になった。揺るぎない信念を持ってすれば、必ず道は開ける。

――第三次ベンチャーブームと言われるが、後輩たちに何かアドバイスを

証言 あの時

したたかに狙いつけ

阪急百貨店取締役副本店長（元人事課主任）堀口貞司さん

創業直前のころ、和文タイプの専門職に欠員ができたので、熱心に営業に来ていた南部さんに派遣を頼んだ。それが南部さんにとっては受注第一号だった。社員を家族視する日本の企業風土では、一般に人材派遣業は受け入れがたかったが、百貨店は仕入れ先の社員を店頭販売員として使っていたから、さほど抵抗はなかった。彼はそういう所に狙いをつけた。さらに、当社での実績を突破口に大手企業に売り込みをかけるというしたたかさだった。

ベンチャーと単なるニュービジネスを混同してほしくない。僕は、社内の人間が何かビジネスアイデアを持ってきた時、やるかやらないか決める前から市場調査なんかするな、と言っている。資金も市場も見込みをつけた上で「じゃあやりましょう」なんていうのは、ただのニュービジネス。ベンチャーは、初めに「これをやりたい」という強烈な志があって、どんなリスクを取ってでもやり遂げずにはいられないもの。自分の全知全能をかけて成功するための策を練る。そうでなければ、社会システムの変革をもたらすようなベンチャーは誕生し得ない。

不況を恐れず大阪工場建設

日本ハム

会長　大社《おおこそ》義規《よしのり》

大正四年生まれ

――スタートは徳島の一地方メーカーだったとか

そうだ。しかし、会社組織にしてから三年後の一九五四年、大阪に、当時の業界としては常識外れに大きい工場を建てて、京阪神に乗り込んだ。徳島では月産二十トンだったのが、新工場は十倍の二百トンの生産能力だ。資金もなかったから、銀行からたくさん借金してね。長い社史を振り返っても、あの時が、私にとって最大の決断だったと思う。大阪に進出していなければ、今の日本ハムはなかった。

――当時の状況は

食卓の洋風化という時流に乗り、ハム業界は群雄割拠して増産に次ぐ増産という具合だったな。関東は精肉販売店が自分の所でハムを手作りするような、こぢんまりしたメーカーが多数生まれていたが、関西は違う。ハムの専門メーカーが大きく成長し始めており、伊藤ハム、竹岸畜産工業（現プリマハム）、鳥清ハム（後に合併して日本ハム）の三社が覇権を争い、京阪神の地盤を固めつつあった。

徳島ハムは、徳島工場だけでもすでに、生産量で四番目のメーカーだった。しかし、日本一になるためには、大消費地であり、大集荷地でもある大阪にどうしても工場を持つ必要があった。それまでも、京阪神に取引先があったが、今のように物流環境が整備されているわけもない。大阪に工場を持つことが、東京への進出も含めて、どうしても越えなければ

わが社の歩み

ハム・ソーセージを始めとする食肉業界で最大手。九九年三月期の売上高は六一二一億九〇〇〇万円（二〇〇〇年三月期予想は六三〇〇億円）、経常利益は二一六億円（同二二〇億円）。畜産から小売店、レストランまで関連会社は約百五十社に上る。

大社義規会長が徳島市で創業した徳島ハムが前身。六三年に鳥清ハムと対等合併して日本ハムが誕生した際は「上場企業同士で、しかも業界三、四位の電撃的合併」と話題になった。

スイフト社との提携による「スイフトローフ」（七五年）や「超うす切り」（八〇年）などのヒット商品で消費を引っ張り、近年では米国発祥の衛生管理システム、危害分析重要管理点方式（ＨＡＣＣＰ）の導入を進めるなど、業界をリードする。

1949	徳島市に「徳島食肉加工場」設立
51	「徳島ハム株式会社」に改組
54	大阪工場着工
61	大証二部に上場
63	鳥清ハムと対等合併し「日本ハム」（本社・大阪市）に社名変更
67	東証・大証一部に指定替え
69	米国スイフト社と業務提携
76	ルクセンブルク証券取引所に上場
96	大社社長が会長に、養子の大社啓二専務が社長に就任

ばならない道標だった。

――周囲の反対はなかったか

賛成がなかったからね。日本の経済全体を取り巻く環境が悪かったからね。朝鮮戦争の特需が一段落して、不況の嵐だ。大型の倒産もだいぶあった。「何もこんな時期に大きな投資をしなくても」とか、「あせる必要はない」とか、「失敗したら会社の命取りだ」とか社内もこぞって反対した。それは、会社の実力を知らないからだった。

僕なりに力を把握して、「今しかない」という結論になった。遅れれば遅れるだけ、先行三社に水を開けられる。第一、景気が悪いと言っても、ハムの前途は明るいんだ。好条件の土地が見つかったので、すぐに手を打ち、周囲を強引に押し切った。結果的に見ても、数年後には生産が追いつかないほど売れたんだ。

――失敗したら、とは考えなかったか

考えたってしようがない、そんなこと。この件に限らず、僕はこれまで経営上の判断で「失敗したら」なんて考えたことは、ただの一度もない。環境が悪いから守勢に回る、なんてことも大嫌いだ。

例えば今、人が寄ると「景気が悪い」とか「売れない」とか、悪い話ばかりだ。ひどいのになると、自分の知恵や努力が足りないのを景気のせいにしている。私はね、景気は悪いかもしれないが、その中でも業績を伸ばしている会社だってあるじゃないか、と言うんだ。なぜそちらを見ないのか。会社のイメージアップにとプロ野球の球団を買収した時も、「社長、五位や六位じゃかえってイメージダウンです」という者がいた。なぜ一位になった時のことを考えないんだか、不思議だった。

――その後、鳥清ハムと合併し「日本ハム」となる

六三年のことだ。外資の進出に対抗するためには、会社が大きいほうが有利だった。その二年前ごろから、米国の巨大企業「スイフト社」が日本の市場調

査を始め、六二年にはうちに対して資本提携の申し入れをしてきた。米国のハム・ソーセージ業界を実際に何度も見ていた感触では、技術的にうちがそれほど遅れているとは思っていなかった。だから、こちらは条件が合えば技術提携し、学べる技術をいただいたうえに売上高を伸ばそうと考えた。

ところが、向こうの社長に会ったら、「技術・経営指導の見返りに三〇％の株式をよこせ」なんてふざけたことを言ってくる。当時、わが社の年商が数十億円、スイフト社は一兆円企業だ。力の差は歴然、という高圧的な態度だった。僕は憤慨して、「規模は小さいが、私も社長。あなたが私の立場なら、こんな屈辱的な条件をのめるのか」って、席を立って帰ったんだ。

その後の話だが、七年後にはこちらの思惑通りに業務提携できた。それまで全額出資の子会社以外には「スイフト」ブランドを使わせなかった会社が、当社にそれを許したんだ。

証言　あの時

しのぎ合いで伸びる

日本ハムソーセージ工業協同組合関西支部事務局長　俵田高志路さん

伊藤、竹岸、鳥清、徳島の四社の競争が、日本のハム・ソーセージ業界をここまで発展させた原動力だった。例えば、マトンの臭さを消すための技術だ。食生活の洋風化とは言え、豚肉だけを原料に作った単味品が高価だった時代には、マトンを混ぜることによって価格を三分の一に抑えたプレスハムがハムの消費を爆発的に伸ばした。原料調達から販売網にいたるしのぎ合いが、一九五〇年代初頭から七〇年まで毎年二けた台の生産増を実現した。

証言 あの時

変わらぬ取引先重視

全国食肉環境衛生同業組合連合会長
平井千代治さん

大阪に工場を建てる以前、伊藤ハムの地元、神戸で販路を拡張しようと、今よりもちょっとスマートな巨体で自転車をこいで走り回り、正月二日には、私らのような小さな小売店にもあいさつに訪れた。事業には厳しいが、部下や知人には温情の厚い人。「世話になる時だけ頭を下げて、大きくなったらさようなら、なんて恥」と、主取引銀行の百十四銀行など取引先をとても大事にする。日本ハムの発展は、大社さんの人柄に負うところが大きい。

――合併後は

人の融和に苦労した。業界の三位と四位が一つになるんだからね。それまで製造でも、営業現場でも、互いにいかに打ち勝つかという争いを演じていたんだ。「日本ハム」というブランドに収れんしてゆくのに、十年かかった。売り上げも、合併当初こそ一位だったが、数年後にはその座も明け渡した。売上高、利益ともに日本一に返り咲くのにも、十年ほどかかった。

――食肉業界で日本一になった今、守勢に回らざるを得ないのでは

とんでもない。食品というのは何も肉やハムだけじゃないんだ。今後は、総合食品メーカーとして日本一を目指すよ。

「幸せな結婚」事業化を確信

オーエムエムジー

会長　大内《おおうち》豊春《とよはる》

大正七年生まれ

――六十二歳にしてこの会社を興したきっかけは

創業以前、七〇年前後のころ、日立マクセル（大阪府茨木市）で人事、労務畑を歩いていたが、「女性と知り合う機会が少な過ぎる」と辞めて行く若者が非常に多かった。女性従業員が少ないなど、いろいろな原因はあったが、社員としてこれからという時に「結婚」がネックになって退社する。そんな例を数多く見ているうちに、幸せな結婚に巡り合わなければ、幸せな人生は送れないとの思いを強くした。同時に、時代の変遷にかかわりなく、人間の永遠のテーマだから、ビジネスとして成り立つのではないかと感じた。

――それで

九州日立マクセルの社長を七三年に退任したのを機に、パプアニューギニアから切手を輸入し、日本から開発資材を輸出する会社を東京都内に設立した。ニューギニア戦線に暗号兵として従軍した経験から、親日派の現地の人に何か恩返しをしたいという思いからだったが、翌年、社内の一組織として、「配偶者選択システム研究所」を設けた。

――どんな研究を

日立時代の知人から、西ドイツ（当時）のアルトマンという結婚情報会社のシステムを紹介された。配偶者選びに、心理学や医学などの科学的手法と、コンピューターを世界で初めて取り入れた画期的なものだった。交通とマスメディアの発達で、結婚相手を見つける範囲が地域的に膨張した現代では、地縁や血縁に代わる新しい手法が必要だ。自分のやりたかったことが見つかったと思った。

その後、世界中に拠点を広げていたアルトマンが、七六年に日本進出の第一歩として設けた事務所が、たまたま私の「研究所」の目と鼻の先だった。コンサルタントとして契約し、日本での立ち上げを手伝った。アルトマン方式はあまりに計数的、論理的。日本の風土や慣習になじまないと確信していた私は、方法論だけをまねて、「日本のアルトマン」作りをしたかった。それで八〇年に創業した。

――滑り出しは順調だったか

いや、全然。このビジネスは、万単位の会員がいないと成立しない。最初から一定の会員を抱えていないと、どれだけ立派なコンピューターがあっても、希望する条件にかなう相手なんて見つかりゃしないんだ。そこが従来の結婚紹介業との大きな違いだ。会員獲得には、今でもそうだが、マスメディアを通した広告宣伝が命脈なんだ。

ところが、新聞に会員募集の広告を頼んでも、掲載拒否だ。結婚情報産業という業態そのものがなかったし、世間の目も、縁談の紹介で金を取るなんていかがわしい、というのが大勢だったように思う。苦し紛れに「利根大三郎」のペンネームで広告記事風の原稿を書き、会社の宣伝というよりは、ニュービジネス紹介の内容にして、なんとか広告掲載にこぎつけた。

——利根大三郎？

こう見えても、戦前に、ある新聞社の短編小説のコンクールに応募して、一位を受賞したこともある文学青年だったんだよ。その時のペンネームが利根大三郎。今では面影もないがね。全国紙四紙に広告を掲載するまでに、設立から四年かかった。世間の認知度も上がり、大阪、東京、鹿児島の三か所だった拠点を、それからの四年間で全都道府県に拡大で

わが社の歩み

大阪市に本社を置く結婚情報サービスの最大手。結婚相手を見つけたい男女の会員組織「O—net（オーネット）」には、約六万四千人が加入。九九年三月期の売上高は約八八億円で、業界二位のサンマーククライフクリエーション（東京都）の二倍近い。

主力のデータ・マッチング事業は、コンピューターによる「お見合い」相手のデータ検索。全国六十八か所の営業拠点をオンラインで結び、会員の性格や希望条件を入力、条件に一番近い相手のデータを一週間に二人のペースで紹介して行く。「一度会いたい」となるデータ上の交際成立は、月一万七千を超えるという。会員数は八九年に六万人を突破して以降、伸び悩んでおり、従来からのイベントに加え、教養講座や税務・法務相談など会員向けサービスの強化に取り組んでいる。

1980	大阪市で株式会社オーエムエムジー設立
82	鹿児島、東京に支社開設
84	全国紙四紙に広告掲載、テレビ宣伝開始
87	会員数5万人突破
88	全都道府県に拠点設置
89	ハワイ・ツアーを手始めに、会員向けイベントを開始
90	紙袋工場が稼働開始
97	インターネットによる会員募集開始

証言 あの時

宣伝効率を徹底追求

広告代理店、ケイプロモーション（東京都）社長　上西伸夫さん

書店の紙袋を利用した宣伝方法を共同開発した。広告を入れる分だけ納入単価を他社よりぐっと下げたから、あっという間に全国の書店に広まり、今では二万店を超える。大内会長の優れた点は、宣伝効率を徹底的に追求したことだ。返信用はがきにコード番号をつけて、店ごとの返信率を数か月単位でデータ化したんだ。それを十年間も蓄積しているのだから、納入先の選別や量、単価の決定ノウハウは、他社の追随を許さないだろう。

きた。

――広告ではその後も新機軸を打ち出したとか

書店で本を買う時、たいてい紙袋に入れてくれる。あの袋は、一か月に全国で何千万枚と出ているんだ。これに広告を印刷すると同時に、簡単な心理テストつきの返信はがき「チャンスカード」を入れてもらうようにした。今でこそ同じような宣伝手法をとっている所があるが、紙袋を広告媒体に利用したのは、当社が初めてだ。

九〇年には自社で生産ラインを持って、それまで外注に出していた紙袋を、内製化した。メーカーが情報産業というサービス業に乗り出すことはあっても、逆はあまり例がないんじゃないかな。メーカーになることによって、ソフト産業では希薄になりがちなコスト意識と、無事故の尊さを社員が学んだ。これは貴重な副産物だった。

――少子化で会員数が頭打ちになり、業界は厳しいと言われているが

私はそうは思わない。確かに、少子化にともなって市場全体は縮小するだろうが、その中での占有率（シェア）を拡大する余地は十分ある。私らの調査では、結婚相手を真剣に探す人の数は、今後も年間八十五万人いる。このうちの一割、八万五千人を当社がいただきたい。今、うちの新規会員は年間二万人だから、成長の可能性はまだまだ大きい。会員が多ければ多いほど、希望通りの相手が見つかる確率が高くなる理屈だから、市場が拡大しようと縮小しようと、現時点でたくさんの会員を有している所ほど、有利なんだ。わが社に加入して見つからなければ、他社でも見つからない、というほどの会員数、情報量、そして信頼をかち取りたい。

証言 あの時

直営で信頼広げる

事務用品卸、マツヤ商会（大阪市）社長
原田修二さん

当社と同じフロアで大内会長が創業した縁で、営業拠点を新設するたびに、レイアウト設計から事務用品の供給まで請け負っている。年間十か所以上というものすごい勢いで拠点を全国に拡大して行くものだから、当社も仕事に追いまくられて、大変な思いをした。代理店方式を多用した他社と異なり、全部直営だったからなおさらだ。会長は「地方ほど結婚問題は深刻なんだ。兼業でやるような代理店はだめだ」と、信頼にこだわっていた。

商品供給が原点　震災体験で実感

星電社

社長　後藤《ごとう》雅実《まさみ》
昭和二十六年生まれ

——阪神大震災からの復興状況は

全壊した神戸・三宮の本店が、九八年三月に新本店としてオープンし、やっと震災前の売り場面積に戻る。六十五の店舗のうち、本店を含む七店舗が全壊し、半壊や一部損壊を含めると三分の一が被災した。売り場面積でいうと、半分を一瞬のうちに喪失した。特に本店は、当時の全社の売上高総合計の四〇%を占めていただけに、打撃は大きかった。新本店の建設には三五億円かかっているが、地震がなければ、本来不必要な費用。それやこれやで、一〇〇億円以上の損失があった。

——震災当日の社長の行動を聞きたい

家族と住んでいた神戸市東灘区内のマンションが全壊して、妻を車の助手席に乗せ、三宮の本店に向かった。車を降り、商店街を歩くと、本店の一部、南館がちゃんと建っているのが見えた。良かったと、妻を振り返ると、声も立てずに涙を流しているんだ。え?ともう一度目を転じると、商店街をはさんで北側にある七階建ての本館の一階部分がぐしゃっとつぶれ、だるま落としのようにビルが沈み込んでいた。

震災が昼間でなくて、どんなに幸せだったか……。それが、一番に感じたこと。昼間だったら大惨事なんてものじゃ済まない。阿鼻叫喚《あびきょうかん》だったろう。次に、従業員が数人かけつけてきたので、社員の安否確認を真っ先に指示した。不幸にして家族を亡くした社員もいたが、社員自身は全員が無事だった。一

わが社の歩み

神戸市に本社を置く家電販売の老舗《しにせ》大手。九九年五月期の売上高は、四七四億円。

後藤雅実社長の父、博雅氏が四五年十一月に、弟の英一氏とともに、ラジオ・電気部品専門の卸、小売店として創業したのが始まり。七二年に全国に伸びきった戦線を兵庫県内に集約した。

阪神大震災で受けた打撃は三年余りかけて再建し、九八年三月の神戸・三宮の新本店オープンで区切りをつけた。その後は店舗の統廃合を進め、店舗数は兵庫三十二、大阪二、東京一の計三十五店舗（九九年五月現在）。

九六年には、購入金額の三％の掛け金で五年間、修理と火災、盗難を補償する品質保証制度をスタートさせるなど、競争の激化する家電販売業界の中で独自色の発揮に努めている。

1945　後藤雅実社長の父、博雅氏が、神戸市に合資会社星電社を設立
49　株式会社に改組
72　全国チェーン展開していた店舗を兵庫県内に集約
92　雅実氏が社長に、博雅氏は会長に就任
95　阪神大震災
96　博雅氏死去
　　五か年の品質保証制度開始
98　神戸・三宮に新本店開店

週間後にそれが確認されたときには、居合わせたみんなで拍手したのを覚えている。

――店舗の再建については、どう考えた

再建という考え方は頭の中になかったなあ。倒れたビルや社員の安否、毎月二十五日に支給する給料、修理で顧客から預かったままの商品……。目の前に課題が次々現れるわけだから、それを即断即決で解決していくだけで、時がどんどん過ぎていった。ただ、店を開けなければいかん、という気持ちは、はっきりあった。これこそ商売の原点だと、強烈に感じていた。

――商売の原点？

うん。店構えだとか陳列法だとか、形は関係なく、まさに今、顧客が必要としている物を供給することだ。使命感と言ってもよい。当社の場合、大半の店舗が兵庫県に集中していたんだから、こういう時こそ、そのネットワークを生かさねばと。そうでなければ、創業以来五十年にわたり育ててもらった地元の恩を、あだで返すことになる。損壊して店を開けられないなら、路上にワゴンを引っ張りだして、そこで売るんだと指示して、三日後にはほぼ全店で営業を再開した。

ガスこんろや電池、ラジオなどの必需品を厚くそろえ、避難所にはテレビや洗濯機を配ったほか、補聴器の修理に巡回した。これらはすべて、考えられる限りの努力と工夫をして、商品を供給してくれたメーカーや販売会社、運送会社などのおかげだ。当初、「つぶれる」とかいううわさが巡っていたらしい。そんな状況下で、本当にありがたい力添えをいただいた。

――自身は、倒産の恐れは抱かなかったか

微塵《みじん》もない。二月には銀行に対し、損害の現況のまとめと、当面、どのように営業を立ち上げるか、さらに五か年の経営計画を提出した。出すのが遅い、と自分では思っていたが、銀行の担当者からは「星電社さんが一番早い。素晴らしい」とほめられて、

証言 あの時

創業者の哲学継承

シャープ環境安全本部副本部長　三嶋幸平さん

大型小売りの企業はほとんど、創業者から二代目への代替わり時期にある。創業者の個性によって、社是や理念はさまざまな言葉で語られるが、その根底には「消費者のために」という強い信念が例外なく流れている。ところが、二代目社長は新しい物好きのあまり、そこを忘れるケースが往々にしてある。後藤社長は、震災を通じて、亡くなった創業者の哲学を肌で感じたのではないか。人間としても、経営者としても、この三年間でたくましく成長したと見ている。

拍子抜けした。平常時とは時間の感覚がだいぶ、ずれていたようだ。一日にこなす作業が、平時の五、六倍あったから。

こんなこともあった。損害の比較的少なかった店舗の一つを再開しろ、と指示したのに、もたついている。担当者を呼んで「何週間かかるんだ、まだできないのか」としかりつけたんだが、後から考えると、指示してから一週間足らずしかたっていないんだ。しかった私が悪いが、言われた社員も時間の感覚がずれているから、「すみません」と謝っていた。そして、三日後に再開してしまったんだ。私自身驚いた。

――再建を通じて、心に残ったものは何か

人の心のきれいさ、優しさ、そしてありがたさだろう。その後、社員のうち百三十人を出向させる際には、メーカーのほか、同業他社にまで快く引き受けてもらった。五月か六月には、阪神百貨店から家電売り場の委託販売の申し入れがあった。大阪市内

証言　あの時

復興は「第二の創業」

家電量販店、マツヤデンキ副社長　平井眞夫さん

外柔内剛の人で、バブル崩壊後の価格破壊に対しては、「メーカーはこんな安値で売って、社員や下請けで汗をかいて働く人らに恥ずかしくないのか」と、大反対の論陣を張り、専門店化の道をひた走った。八四年に家電量販店の創業者の後継ぎばかりで勉強会を作り、中でも気の合った後藤社長とは、二世ならではの不安などを語り合った。震災後の同社の復興は、まさに「第二の創業」。二世経営者としては得難い「創業の経験」を積んだだろう。

でデパートが家電売り場を小売店に任せるのは初めて。どんな経緯で当社が選ばれたか想像もつかないが、これは「商談」ではなく「縁」だと感じ、無条件で応諾した。

――業界の競争の激しさは、戦争のようだ

他社に勝つことが生き残りだとは考えていない。長期的視野で見ると、結局は人材に尽きる。社員をすり減らして今の戦いに勝っても無意味だ。社内でどれだけの人材を育てられるか、いわば内なる戦いに勝つことが、結局は企業の存続と成長につながる。これも、震災を経験することで確信した、教訓の一つだ。

外食チェーン展開 大阪万博で弾み

ロイヤル

創業者取締役　江《え》頭《がしら》匡《きょう》一《いち》

大正十二年生まれ

——創業者取締役という役職は耳慣れないが

ぼくはかねてから、社長は六十五歳、会長は七十歳までと公言していた。以前から定款にも設けていたし、創業者の部屋を本社内に作らせていたんだ。ちょっと予定から遅れて九七年三月になったけどね。日本では珍しいかもしれないが、米国では創業者という立場で経営にかかわっている例が多い。創業の精神を守って行くためだ。

それでは創業の精神とは何か——。その話をするには、脱税の話をせざるを得ないな。

——脱税？

一九五五年に、脱税で摘発されたんだ。戦後間もなく、ぼくは福岡市内にあった米軍基地のコックのアルバイトに雇われて、仲良くなった幹部の口利きで、米軍相手に物資を独占的に売る御用商人になった。当時の計算では、一ドル＝八三円ぐらいが損益分岐点。初めの一年こそ一ドル＝五〇円で、赤字続きだったが、突如として二七〇円になった。それからちょっとして三六〇円の固定相場になったから、笑いが止まらなかった。

米兵相手の理髪店や外車ばかりのタクシー会社など、事業は拡大する一方だ。日本で三本の指に入るほどの高級レストランを市内に開店し、慰問で来日したマリリン・モンローが三日連続でディナーに訪れたよ。サラリーマンの初任給が三〇〇〇円かそこらの時代に、最盛期は月に二〇〇万円もの利益があった。九州一の金持ちになれる、と本気で思っていた。

――摘発で暗転した

追徴金や何やらで七〇〇〇万円。今の金額で二〇億円ぐらいになるのかなあ。利益を全部、新規事業の資金につぎ込んでいたから、摘発を受けても払えなかった。一年間、徴税官が当社の事務所に常駐してね、最低限の固定費だけ残して全部持って行ってしまう。

一日も休むことなく、朝の五時から夜中の十二時まで働いて、そうして築き上げたものを全部失った。精神的な落ち込みも激しく、手元のナイフを見つめながら、本気で自殺を考えた。救ってくれたのは、妻のたった一言だ。「あなたには能力があるんだから、大丈夫。またやれるわよ」って。だから今でも妻には頭が上がらないんだ。

――再び、裸一貫からの挑戦が始まる

禅の教えで「漁夫《ぎょふ》生涯《しょうがい》竹一竿《ちくいっかん》」と言うのがある。生涯を通じて一つの仕事を貫くことは最もすばらしい、という意味だ。子供のころに父が掛けていた書なんだが、なぜかその教えがぱあっと心にひらめいてね。手広くやっていた事業を全部整理して、外食産業で生きて行こうと決めた。

――なぜ外食に

うーん、なんとなくというのが正直な話だが、あ

えて挙げるとするなら、米国の外食王、ハワード・ジョンソン氏の伝記を読んだことかな。夫婦で一軒の店から創業、米国のモータリゼーションとともに急成長を遂げた。一九五〇年代半ばには千三百余りのレストランを持つまでになり、約四〇〇億円（当時の松下電器並み）を売り上げていたという。すでにフードサービス・インダストリー（外食産業）の言葉も定着しており、米全土で七十もの大学に、ホテル、レストラン関係の学部がある、というようなことが書いてあった。日本でも将来必ず産業になると思った。

同時に、どうせやるなら、当時まだ「水商売」だっ

わが社の歩み

福岡市に本社を置く、外食大手。主力のファミリーレストラン「ロイヤルホスト」は、全国で三百六十六店舗に上り、九八年十二月期の売上高は九一六億円、経常利益は四二億円。

江頭匡一創業者取締役が一九五〇年、米軍専門の貿易会社を設立したのが始まり。五一年、日本航空国内線運航開始と同時に機内食事業を始めた。

大阪万博では、アメリカ・ゾーンに外国店扱いで出店して国内初のセントラル・キッチン方式の認知度を高め、その後の「ロイヤルホスト」のチェーン展開、東京進出、株式上場につながった。

米国のシズラー、マリオットと、それぞれレストランチェーンの展開、給食事業で合弁会社を設立。九二年から始めた経営再構築が一段落した。

1950　福岡市内に米軍御用商、キルロイ特殊貿易株式会社を設立
51　国内初の機内食事業を開始
56　レストラン経営、ロイヤル株式会社を設立
62　セントラル・キッチン導入
70　大阪万博に外国店扱いで独立出店
71　両社を合併、現社名に「ロイヤルホスト」出店開始
78　福岡証券取引所に上場
83　東証・大証一部上場
88　「ロイヤルホスト」300店達成

証言 あの時

人物見込み融資決定

福岡シティ銀行頭取　四島　司さん

九州から全国に通用する起業家を一万人育て、地域経済の浮揚につなげるというのが、当行の創業の理念「興産一万人」だが、江頭さんはそれを体現してくれた一人だ。「万博で日本初のセントラル・キッチンを作りたい」と言ってきた時には、当時のロイヤルの財務内容ではなく、人物を見込んで「将来の貸借対照表」を基に融資を決めた。経営者としての彼の抜群さを物語るのは、売れる味、店作りなど、およそすべての面で、彼より詳しい者がいないという事実だ。

た飲食業を産業に育てようと決めた。産業とは、国民生活の向上に寄与するものでなくてはならない。われわれの「もてなし」で、多くの人々が喜び、それをわが幸せとする。金持ちになりたかっただけの自分と決別したんだ。

――五九年、福岡市内に第一号店を開く

二年後には十店舗に増え、時代の要求に合った産業なんだとの確信を強めた。そして次に気がついたのは、チェーン展開をするなら、駅前の一等地でも郊外でも、同一価格で同等のサービスを提供できないといけない、ということ。そこで六二年、日本で初めてのセントラル・キッチンの運営に乗り出した。郊外の安い土地に大きな調理場を作って、そこから各店舗に配送すれば、出店コストを低く抑えられる。

コックが反発してね。「冷凍食品なんて料理と違う」と、半数が辞表を持ってきた。しかし、この方式の正しさは、八年後の万国博覧会で証明される。

――万博で？

証言 あの時

壮絶な食へのこだわり

ダスキン（大阪府吹田市）社長　千葉弘二さん

私の師匠だ。二十八年前にミスター・ドーナツを事業化して以来、取引上何の関係もないのに毎年、事業報告のためにロイヤル本社を訪ねている。常に教えられるのは「コストや効率のためにおいしさを犠牲にしてはいけない。良心に恥じない料理を出すのが、外食産業に携わる者の最低条件だ」ということ。ある時など、部屋に七品もの新メニューを運ばせて、すべて一人前ずつ試食し、気に入らないと、すごい形相でコックをしかりつけていた。食へのこだわりは壮絶だ。

ハワード・ジョンソン社からアメリカ・ゾーンの四店の運営を任せてもらい、福岡のセントラル・キッチンから大阪まで約六百キロメートルを輸送した。ロサンゼルス～サンフランシスコ間と同じぐらいの距離で、米国ではその程度の輸送は当たり前だ。六か月の会期中に、七億円の売上高でトントンと計算していたんだが、一一億円を超えて会場の全店舗のトップだった。

――今もセントラル・キッチンか

それは不可欠な要素だからね。しかし、工夫できるよう各店に三人ずつのコックを配置している。社会というものは変化する。今の時代には、おいしさが「もてなし」の大切な要素になっているんだ。銀行出身のある人に一時、経営を任せたが、この「もてなし」の重要さが分からず、業績が悪化した。引退できなかったのはそのせいなんだが、創業の精神さえ忘れなければ、今後の社会変化にも十分、対応できると思っている。（撮影＝野村昇平氏）

ガラス瓶から缶へ　時代見つめ変革

日本山村硝子

会　長　山《やま》村《むら》　武《たけし》

昭和四年生まれ

――経営再建を託されて社長に就任したとか

就任前の八一、八二年と二期連続で計四〇億円の赤字を出した。創業以来親しんだ西宮の本社工場を売却し、千八百人の社員のうち四百五十人、実に四人に一人の希望退職を募らざるを得なかった。それはつらかったよ。ある時、拾ったタクシーの運転手が辞めた元社員でね、慣れない仕事で四苦八苦しているはずなのに、降り際に「大変でしょうが、がんばって下さい」と笑顔で送ってくれた。その胸中を思うとね……。それを四百五十人もやったんだから。それで、社長就任のあいさつで「二度と人員整理はやらない」と宣言した。

――業績不振の原因は何だったのか

鉄やアルミの缶に押されて、ガラス瓶の需要が減退したことだ。それだけならまだしも、その直前、オイルショックが一段落したものだから、増産のために大規模な設備投資をかけたところだった。それが大きな負担となって、業界全体が冷え込んだ。

社員の間には「何をすれば」という不安感が充満していた。それで、品質の向上こそ商売の本質だということと、革新を恐れていては未来はないということを、企業の理念として打ち立てた。創業的出直しだ。

——間もなく、缶の製造に乗り出す

八七年の役員会で私が提案したんだが、ほぼ全員が反対した。缶に需要を食われて大変な目にあった

わが社の歩み

製瓶の市場占有率（シェア）約四〇％で業界首位の総合製瓶メーカー。九九年三月期の売上高は六八二億円、経常損失は五億円。税引き後利益は一億円。

九八年十月に、業界三位の日本硝子を吸収合併した。合併後のシェアは四〇％で二位の東洋ガラスのシェア二七％を大きく引き離す。

初代徳太郎の家業を継いだ山村武会長の父、二代目徳太郎氏が地元の酒造会社向けに酒だるの製造を始めたのが始まり。ガラス瓶に進出後は、七二年からリサイクルに取り組み、計一万二千か所に回収拠点を持つ。

ペットボトルなどのほか、電子部品などハイテク分野にも力を入れている。

1914	山村徳太郎氏が兵庫県西宮市に「山村製壜《びん》所」を設立
55	株式会社に改組し、「山村硝子」に社名変更
61	大証二部上場
70	東証・大証一部に指定替え
84	西宮工場を閉鎖、播磨工場へ移転
87	社内にニューガラス研究所設立
91	フィリピンにサン・ミゲル社とのガラス瓶製造合弁会社設立
98	日本硝子と合併し、「日本山村硝子」に社名変更

のに、その缶を自分たちが作ってどうするんだ、自分の首を絞めるようなものだ——とね。だが、まだ「ガラス」の未来を悲観的に考えていたから、座して食われるのを待つぐらいなら、こちらから食いにいってやろうじゃないか、と。

当時、缶の世界は一部のメーカーによる典型的な寡占市場だった。ノウハウもない我々が普通にやっても勝てる道理がないから、台湾の製缶会社に出資して、合弁でアルミ缶の製造を始めたんだ。価格は日本の半分以下だったから、これなら勝負できる、と。それから、フィリピン最大のビール会社サン・ミゲルとも合弁会社を設立し、現地の新工場で作った缶の半分はサン・ミゲルのビールに、半分は日本に輸入することにした。缶製造をきっかけに、ガラス瓶のメーカーだった当社が、総合パッケージ化とグローバル化に同時に乗り出したんだ。

——瓶から缶とは思い切った決断だ

いや、そうは思わない。もともとわが社は、酒蔵に供給する酒だるを作っていたんだ。それを父（徳太郎・初代社長）が「これからはガラス瓶の時代だ」と、先駆けをやった。私が小学校六年生の時に父は死んだから、父や従業員の人らの苦労を生で見ていたわけではないのだが、死後、父の日誌が出てきた。それを読むと、最初のころは瓶の側面に小さい穴や亀裂ができて、水を入れると小便小僧のようにシャーッと出たらしいんだ。日誌には「瓶からは小便、私は血の小便が出た」とあった。

時代を見つめた変革こそ、創業の精神だ。そのころの「大変身」に比べたら、瓶から缶、さらにその後のペットボトルへの進出なんて「小変身」だよ。

——売り上げに占めるガラス瓶の割合は、今後も減少して行くのか

現状ではそうだが、この数年で私自身の見方は大転換してね、悲観論から楽観論になった。理由は二つあって、一つは、瓶に入った飲み物は、やはりおいしい。人類と五千年の付き合いがある容器だけに、

証言 あの時

資本と経営を分離

大関酒造（兵庫県西宮市）社長　長部文治郎さん

武さんは、社長から会長に就くにあたって、山村一族以外から社長を選んだ。いわゆるオーナー家にとって、資本と経営を分離するということは、外部からは想像できないほど大きな決断なんだ。それなのに厳しい前途を見越して、彼は「優秀な人に経営を任せるのが上場会社の姿だ」と、敢然とやった。兄の三代目徳太郎さんの死去で社長を任されて以来、大いに悩みながらも経営者としてなすべきことをなし、彼は二男から「長男」になった。

味覚に合っているんだ。二つ目は、二十一世紀のキーワード、環境に優しいということ。七二年にリサイクルのシステムをいち早く構築し、今では当社だけで年間十億本もの回収を実施している。おかげで、瓶の原料の五〇～六〇％はリサイクルしたガラス瓶だ。一〇〇％の「エコボトル」も作っているが、こちらは消費者や飲料メーカーの意識の高まりとともに、さらに普及するだろう。

――ハイテク分野でもガラスが見直されていると聞いたが

九七年にミノルタと合弁会社を設立し、コンピューターのハードディスクのうち、情報を記録する円盤の基板部分を製造している。アルミ製が主流だったが、携帯パソコンが増え、強度が求められるようになった。ガラスは重くて壊れやすいというイメージから、軽くて丈夫な素材へと変化している。十数年前に社内に作ったニューガラス研究所を、ガラスの新時代を開く扉にしたい。

証言　あの時

さらりと大きな決断

さくら銀行相談役　橋本俊作さん

この二十数年間の山村硝子を見ると、ニューガラス研究所の新設や缶製造、海外への進出、そして広島硝子工業、日本硝子との相次ぐ合併など、会社の節目となる出来事を矢継ぎ早に経験している。それも周囲の環境変化によってやむなく、というのではなく、自ら進んで会社の姿を絶えず変革して行こうとしている。山村武さんは、大きな決断をさらりとやってのけているように見えるが、実は常に国際情勢に目を光らせ、周到な準備と調査を尽くしているはずだ。

――では、ガラスの未来は明るいと言える

うーん、基本的にはね。素直に「うん」と言えないのが複雑な所なんだが……。今、国内にガラスのメーカーは七社ほどあるが、いずれ三社ぐらいに再編される。外資との競合の中で、生産効率化やニューガラスの研究開発に投じられる多額の先行投資を考えると、再編は時代の必然と考える。当社も九八年十月に業界三位の日本硝子と合併したが、それも、そうした基本的な流れの中にある。業界再編を前提とした上で、初めて楽観論が成り立つと思うんだ。

薬局の「三角商法」で売り上げ伸ばす

ヒグチ産業

会長　樋口俊夫《ひぐちとしお》
大正十四年生まれ

――薬局を始めるきっかけは

大阪薬学専門学校（現大阪大薬学部）を出て、いずれ召集されるなら、と陸軍医学校に入った。昭和二十年四月、中部軍管区司令部の薬剤官（少尉）に配属され、医薬品などの生産、補給の管理を担当した。終戦直後は内務省技官として、舞鶴港で病院船を編成して外地から傷病兵を運ぶ任務もこなした。

この後、国立兵庫病院の薬剤科長に任命された。大佐級のポストなのになぜ自分が、と思ったが、現場に行って納得した。医薬品の大半を進駐軍に持っていかれたうえ、陸軍の一等病院から国立病院になったばかりで、国の予算もついていない状態だった。中部軍司令部時代に知り合った病院の薬剤官らを通じ調達、三か月後には診療に差し支えないようにした。それなのに、突然、クビですわ。

——どうして

公職追放に該当したためだ。中部軍司令部にいたのが原因らしい。退職金もなく、就職難の時代。商売をやるしかなかった。

——薬局を選んだのは

子供のころから、商売なら薬屋、と決めていた。というのは、薬屋の叔父が東京で成功して一族郎党やお手伝いさん三人も連れて帰省してきたのを、子供心に覚えていたからだ。おやじにも「薬屋になれ」と言われ、その気になっていた。

おやじが資金を用立て、大阪・京橋の店舗を時価の半値で買った。施工主が資金不足になり、完成前に売りに出した物件だった。店といっても屋根があるだけで天井もなく、壁も粗壁、とひどかった。

——滑り出しは

売れる品ぞろえができなかった。例えば、不足していたビタミン剤は小売店同士で取り合いになり、メーカー側は人気のない在庫品を抱き合わせで売りつけてきたからだ。世間が復興するにつれ、売れるようになったが、軌道に乗るのに三年はかかった。

二号店は京橋から近い出身地に出し、友人や知人がたくさんいたのでうまくいったが、大阪府枚方市の新興住宅地に作った三号店ではまったく売れず、すぐに撤退した。この経験が「三角商法」につながった。

——三角商法とは

中部軍司令部時代、日本軍が中国大陸で負けたのは各地を点でしか押さえられなかったからだ、と耳にした。それで、点でなく面で出店しようと、三角形の三つの頂点に店舗を配し、その三角形の地域内に住む人をすべてお客さんにする方法を考えついた。範囲は三角形の中心から歩いて十五分以内で、四店目は既存の二店と新たな三角形を作るといった具合だ。各地域で売り上げは伸びていった。

——テレビＣＭで一世を風靡《ふうび》した「目標、四百

二十七店」のキャッチフレーズは、意外に古いとか

昭和三十年代半ばごろから使い始めた。まだ、十店を超えたぐらいの時で、知り合いに「厚かましいやつやな」と笑われた。初めは大衆浴場などの鏡の隅にある広告に載せ、ラジオ、テレビと広げていった。「なんで四百二十七店なのか」と、問い合わせが相次いだ。

——その答えは

厚生省の発表では、当時、薬局が四万二千七百店余りあり、その一%を目指そうと考えた。うちの店は他の店に比べ約十倍の売り上げがあったので、目

わが社の歩み

薬局チェーンの最大手で、本社は東大阪市。従業員は約千百人。九九年三月期の売上高は前期比二・八%減の二七二億三八〇〇万円、経常利益は同一六・一%増の八億二四〇〇万円で、二年連続の減収、二年ぶりの増益となった。売上高の内訳は、ドリンク剤を含む医薬品が四五%、化粧品一〇%で、残りは洗剤や衛生用品などの日用雑貨類。

テレビCMで有名になった「四百二十七店」の出店目標は八〇年、二十二年がかりで達成した。現在の目標は「千三百二十七店」。

チェーン店は関西、関東を中心に展開し、バブル経済のピークだった九一年には約五百五十店に達した。その後は統廃合（スクラップ・アンド・ビルド）を繰り返し、現在は三百九十二店。このうち、フランチャイズは百四十八店を占める。

1947 大阪・京橋にヒグチ薬局の第１号店を出店
53 ヒグチ産業設立、株式会社に
65 国内初の薬局チェーン100店を達成
73 ヒグチトラベルとヒグチカラーを設立、旅行業とDPEに参入
80 「目標、427店」を達成
85 薬局とコンビニエンスストアを組み合わせた複合店を出店
売上高が200億円を突破

証言 あの時

チェーン展開に先見性

薬局チェーン、キリン堂（大阪市）社長 寺西忠幸さん

ヒグチ薬局に入ったのは、チェーン展開を始めた時期だった。総合商社で輸入業務を担当し、経理も勉強していたので、樋口会長と知り合いだった親戚を通じて声が掛かった。スーパーのチェーン展開も珍しい時代で、先見の明があった。決断も早かった。これらは、豊富な読書量と、流通業界の様々な勉強会に積極的に参加したことなどに裏づけられたものだった。私は三年で独立したが、学ぶ点は多く、今も親戚のように行き来している。

標を達成すれば売上高シェア一〇％になる。端数のない丸い数字には信ぴょう性がない。端数までつけたおかげで、話題になった。

――経営者自身がＣＭに登場したのも、当時としては珍しかった

ラジオＣＭは、まだ無名だったクレージーキャッツの植木等さんを起用したが、人気が出てギャラが高くなり、テレビＣＭは自分でやることにした。

――目標達成の感想は

目標を社内外に自ら宣言し、自分にプレッシャーをかけたのがよかった。社員にとってもそれが旗印になり、一致団結できた。

――店が増えると、管理が難しくなるのでは

マニュアルを作り、店舗運営を標準化した。問題は、従業員の不正をいかに最小限に抑えるか、だ。他社が三か月に一回だった棚卸しを毎月行い、商品が足りないかどうかをチェックした。おかげで、不足分は売り上げの〇・三％以内にとどまった。

証言 あの時

歩く「広告塔」を実践

広研企画社長　東坂教雄さん

二十年以上も前、ヒグチ産業がスポンサーだったバラエティー番組について、テレビ局との折衝を担当した縁で知り合った。「目標、四百二十七店」のテレビCMが樋口会長のアイデアというから驚きだ。当時、プロからみれば、素人、しかも経営者自身が出るなんて、考えられなかった。数字に端数をつけ、視聴者に疑問を抱かせるやり方もうまかった。話題作りが実にうまい人だ。あのバラエティー番組だけでなく、いろんな番組にも積極的に出演した。まさに「歩く広告塔」だ。

――多くの異業種にも挑戦した

すべて本業の業績を伸ばすためだ。旅行業は固定客を作るため。旅行に写真は付き物だからＤＰＥ（写真の現像、焼きつけ、引き伸ばし）も始めた。コンビニエンスストアは客を呼び込むのに効果がある、と考えた。発想はよかったが、コストがかかったので、すぐに撤退した。

――今後の戦略は

大衆薬の需要は伸びているが、それ以上に店が増え、過当競争状態だ。駅前で八十坪（約二百六十平方メートル）の規模なら、得意な分野だけで品ぞろえができる。それ以外は二十坪程度のフランチャイズチェーンに切り替え、一人で切り盛りできるようにしていく。九九年四月からコンビニも大衆薬を扱うようになったが、当面はビタミン剤だけで、影響はない。

海外結婚式ブーム ハワイに貸衣裳店

ワタベウェディング

社長 渡《わた》部《べ》隆《たか》夫《お》
昭和十六年生まれ

――七三年にまずハワイに進出したのはなぜか

団塊の世代がちょうど、結婚適齢期を迎えていた。ブライダルブームで、七二年には結婚件数は百十万組とピークを迎えていた。しかし、この先どうなるかと考えた。人口構成をみたら、団塊の世代以降、人口が激減している。当然、結婚件数も減る。真剣に悩んだ。滋賀県や大阪府に進出する選択肢もあったが、どこでも人口が減るのは同じだ。そんな時、ハワイで挙式をやるから一週間衣装を貸してほしいというお客さんが来た。そうするうちにまた、一組ハワイで式をするというカップルが来た。その時に考えた。結婚式の貸衣装で、私の会社は京都市内で二〇％のシェア（市場占有率）があった。京都は日本の人口の一％。うちで二組あったのだから、京都では十組、全国では千組はハワイで式を挙げているはずだと計算した。

――計算通りだったか

すぐにハワイに行って、現地の旅行会社を回って話を聞くと、やはり千組あることがわかった。これは貴重な情報だった。カップルは重たい衣装を持って、ハワイで式を挙げているのだから、当然需要があるはずだ。日本に帰って、大手旅行会社にハワイに店を開くので窓口になってほしいと頼んだ。七三年六月に日本航空の支店も入っているビルの一室にホノルル店を開いた。開店にかかったのは一〇万ドル。変動相場制に変わり、円高になったのもラッキー

わが社の歩み

戦後、渡部社長の両親の泰次さん、フジさんが創業。物不足の時代にボランティアで自分たちの婚礼衣装を貸していたのが、貸衣装店を開くきっかけになったという。

国内は四十三店舗、海外はハワイのほか、サンフランシスコ、パリなど二十店舗。貸衣装に続いて、ウエディングドレスの販売、結婚式場の情報サービス、挙式、披露宴の企画、演出など結婚ビジネスを拡大している。

九九年三月期の売上高は前期比一七・九%増の一三六億七四〇〇万円、経常利益は同四八・三%増の八億九〇〇万円。六四年の会社設立から増収を続けている。従業員は五百七十人。

海外店舗と結ぶテレビ会議システムの整備も進めている。

1953 渡部泰次氏が貸衣装店を創業
64 有限会社ワタベ衣装店を設立
70 京都市上京区に本社社屋完成
73 ハワイにホノルル店開設
78 渡部隆夫氏が社長に就任
79 サンフランシスコ店を開設
93 中国・上海市にウエディングドレス工場完成
96 ワタベウェディングに社名変更
97 ロサンゼルス店を開設
大証二部に株式上場

だった。弟ら三人の社員をハワイに送り出した。

――ハワイ店はうまくいったのか

初年度本当に千組の利用があった。ほかに進出したところはなかったからシェアは一〇〇％だっただろう。価格は一〇〇ドルにした。当時の為替レートで二万七〇〇〇円だ。日本の貸衣装代が八万円から一〇万円だったから、かなり安かった。一〇〇ドルの値段は十年近く変えなかった。

――一〇〇ドルにした理由は

あとから進出してくる企業を阻止するためだった。安い値段が定着すれば、次に出てくるところも、うちよりも安い価格でやらないといけなくなる。つまり、大きくシェアをとらなければ経営が成り立たないことになる。薄利でもいいとそこまで考えた。その後、ハワイの市場が大きくなって、進出するところも出てきたが、年間一万五千組のカップルがハワイの店を利用している。現在では、シェアは六〇％ぐらいだろう。

――その後の店舗展開は

ハワイで式を挙げた人のうち、日本で披露宴をするのに、うちで衣装を借りたいというニーズがでてきた。そこで東京、大阪に店を作った。続いて、サンフランシスコに出店した。京都の隣の滋賀に店を作ったのは八四年でハワイから十年以上もたっていた。

――貸衣装から総合ブライダル産業に発展したが

ハワイでは貸衣装だけでなく、メークや写真撮影などもやってほしいという要望があった。それにこたえるうちに美容師、カメラマンなども抱えることになり、まずハワイが総合ブライダルショップになった。うちがトータルなサービスを提供することで結婚式の費用が安くなる。国内では式場相談などからビジネスを広げた。

――あまりお金をかけない、〝地味〟な結婚式が増えているのでは

証言 あの時

誠実さが成功に導く

ジャルストーリー社長　田中伊織さん

日本航空で海外旅行営業を担当していた時、渡部さんからハワイに店を出したいと相談があった。非常にいいアイデアだと思った。たとえお客さんが少なくても、ホノルルで店があるというのは抜群の宣伝効果があるからだ。海外挙式をするカップルを対象にサービスを行うのは高い先見性があると思った。結局、海外展開で収益を上げて、会社は大きくなっていった。渡部さんは仕事の面でも、人間関係でも誠実さが表れている。それが成功につながったのだろう。

ハワイやサンフランシスコに進出してわかったが、アメリカでは日本の五分の一や四分の一の費用で結婚式をしている。いずれは日本の価値観も変わるだろうと思った。しかし、昭和の間は派手な方向に進んだ。変わったのはバブル経済の崩壊後だった。式のスタイルや予算などの決定権は、新郎の両親から花嫁本人に移っている。

――中国・上海に九三年、ウエディングドレス工場を建設した狙いは

レンタルでは花嫁さんが満足しなくなった。しかも、レンタルより安く、新品を着たいというニーズが出てきた。インドネシア、タイ、中国を候補に工場の適地を探した。中国・上海の直営工場には四億円を投資した。靴までそろえてウエディングドレス一式を一八、九万円で買えるようにした。現在、ウエディングドレスは全品販売だ。欧米の女性は一生に一回のドレスをレンタルですますという感覚が理解できないという。日本がこんなに豊かになったのに。

――少子化で結婚件数は少なくなる。今後のビジネス展開は

愛情代行業をビジネスにしている。結婚記念日にハワイのランの花を花嫁に届ける。ハワイで結婚したカップルの約七割が結婚一周年の花を予約する。中には二十五年分の予約をする人もいる。お客さんとの一生の付き合いを目指している。海外の店は日本人だけではなく、地元の人もターゲットにしている。ウエディングドレスの販売などでサンフランシスコ店は八〇％が地元のお客さんだ。世界を見れば、人口は増加している。

証言 あの時

経営の国際化を実践

稲盛和夫・京セラ名誉会長が主宰する「盛和塾」事務局長　福井　誠さん

渡部さんは盛和塾京都の代表世話人の一人であり、熱心な塾生だ。日本の少子化にいち早く着目して、海外に進出した。海外で挙式をあげるカップルのほか、現地の人たちまでマーケットを広げた。中小中堅企業として、グローバリゼーションの進展に沿った経営を実践してきた。自然な形で成長を果たしていると思う。三百六十五日一日も休まず、常に経営のことを考えていると聞くが、企業に息吹を常に与えようという姿勢の現れだろう。

入社直後の倒産　三年で再建めど

大王製紙
代表取締役　井《い》川《かわ》高《たか》雄《お》
昭和十二年生まれ

――入社してすぐに会社が倒産したとか

一九六二年のことだ。慶応大の卒業式は、いつも春分の日にある。そのころ経営が厳しくなり、父の伊勢吉（故人・創業者）は、大口債権者である伊藤忠商事や金融機関と話し合いを重ねていた。父は最後には辞表を書き、一族が皆辞めて会社を債権者に任せるつもりだった。しかし、債権者側からすれば、紙の需要はずっと伸びるだろうから、会社を一回倒産させて更生会社とし、身軽になった大王製紙の経営を続けてもらった方がいいわけだ。主力の三島工場（愛媛県伊予三島市）は当時からいい工場だったし、今も世界一の臨海工場だからね。

父は卒業式に来るつもりだったが、会社を任せる話が成立しなければ「自分が再建に当たるから出席できない」とも言っていた。みぞれの降る寒い日だった。待ち合わせの大学前に来たのは弟（俊高・会長）だけ。卒業式に行く時に大王製紙の倒産を覚悟した。

――それでも創業家の長男として入社した

一部上場企業でも世間は「井川の会社」と見ている。一族として世間の非難を受けるべきと思い、会社に入った。五月六日の日曜日が最後の取締役会。父は体が悪く自宅に役員を集めた。私は「井川家の長男だから傍聴しろ」と言われた。初めて出た取締役会が会社幕引きの場だった。

――それからは、会社再建に奔走した

すぐに連鎖倒産した関連会社の愛媛製紙、大津板紙に出向し、資材担当として働いた。倒産した会社が資材を買って工場を動かすには、買い掛けができるかどうかだ。井川の名刺を差し出せば、相手は赤い布を見た猛牛のようにいきり立つ。六五年四月一日に会社更生が終結するまで走り回ったよ。高度成長の中、三年で再建にメドが立った。

当社の主力は新聞用紙と段ボール原紙だった。高度成長の中で、三種の神器と言われたテレビ・冷蔵庫・洗濯機は、すべて段ボール箱で運ばれた。生産・物流の増大に伴って段ボールは伸びた。新聞も好調で、再建はこの二つに支えられ進んだ。

――その後の歩みは

七三年の石油危機を経て、日本の産業構造が変わった。主力製品だった新聞用紙などの成長が止まった。我々は国内市場で競争しているのだから、伸びる余地のあるところに出ていかなければならない。あらゆる紙に手を広げ、今のような総合製紙会社になった。私から見れば戦後の製紙業界の歩みは、すべて総合製紙会社に向かう過程だった。品ぞろえができているのは、王子、日本、大昭和の各製紙会社と当社だろう。ここに持ってくるまでに相当な人の養成や市場調査、設備投資が必要だった。それが私の仕事だった。

メーカーが紙を作り、代理店が売るのが製紙業界の伝統だった。しかし、当社が洋紙、クラフト紙、情報用紙など、あらゆる紙に入っていく過程で、代理店でなく全国の卸商と取引する形にした。今、業界がバケツの底が抜けたような平成不況の中でも、うちは明日のこともわからないような状況ではない。努力したかいがあったと感慨深い。

――伊勢吉氏とは激しい意見対立もあったと聞く

父とは二人三脚でやってきた。ただ、反対すべきは反対し、ことごとく意見は合わなかったね。父はティッシュペーパーに参入するのも賛成しなかった。七九年にティッシュペーパー「エリエール」を発売

わが社の歩み

伊予三島市と東京都中央区の二本社制をとる総合製紙大手。九九年三月期の売上高は三〇〇四億円、経常利益は三四億円。新聞用紙や板紙（段ボール原紙）から、通販カタログなどに使われる上質紙、ティッシュペーパーなどの家庭用紙まで幅広く扱う。

経営不振で六二年に会社更生法を申請し、六五年に更生手続きが終結。八二年に大証二部に再上場して二年後に一部昇格、八八年には東証一部にも返り咲いて再建を果たした。

七九年にティッシュペーパー「エリエール」で家庭用紙市場に参入し、シェアトップに。三島工場は単一工場として世界一の規模を誇る。九八年には大昭和製紙の株式を買って筆頭株主となり、業界に衝撃を与えた。

1928	井川会長の父、伊勢吉氏が伊予三島市で製紙原料商を始める
43	十四社の合同合併で大王製紙設立
61	東証・大証一部に株式上場
62	会社更生法の適用申請
65	会社更生手続き終結
87	伊勢吉氏に代わり高雄氏が社長に
90	伊勢吉氏死去
95	大沢保氏が社長、高雄氏は会長に
99	俊高氏が会長、高雄氏は関係会社会議議長に

証言　あの時

現職部課長とも議論

伊藤忠紙パルプ社長　大岡　博さん

　井川さんに初めてお目にかかったのは六二年、井川さんが新入社員の時だった。私も伊藤忠商事に入って一、二年だった。父・伊勢吉さんの代の大王製紙は、新聞用紙と段ボール原紙だけの会社だったが、高雄さんが総合製紙会社に仕上げた。その意味で彼は総合製紙会社である大王製紙の創業者であり、決して二代目ではない。ありとあらゆる分野に精通し、現職の部課長と対等に議論できる。私もアメリカやカナダに七、八年駐在したが、そんな経営者は海外にもいない。

し、五、六年でシェア（市場占有率）トップにした。市場調査や組織力の成果だ。七二、七三年から計画は持っていたんだが、主力工場のある伊予三島には中小企業が多く、地元企業から反対されてね。伊勢吉からは「刺し身のツマのようなことをやってどうするんだ」とも言われた。親子の理論闘争だよ。私も理想に燃えていた。

　石油危機後の不況を乗り切るため、もうからない板紙マシンを全部つぶし、洋紙やクラフト紙に転換しようと考えた。最後の一台をクラフト紙に転換すると主張した時、伊勢吉が初めて理屈ではなく「もう一回、あの大きなマシンを見てみ。どれだけ苦労したか。忍び難いと思わないか」と言ったんだ。それで中止した。今あれを持ってなかったら板紙生産が断絶し、困ってたね。

　――九五年に会長になられた

　時代は大きく変わりつつあるが、時代を乗り越えられる人物はそういない。そう思わなければ五十

証言　あの時

猛勉強で英語を習得

伊藤園社長　本庄八郎さん

何か人を引きつけるオーラを発している。裏千家の若宗匠を囲む「不流会《ふりゅうかい》」という集まりでご一緒しているが、努力の人だという強烈な印象がある。十年以上前だが、井川さんは日本語を話せない外国人を秘書につけて英語の勉強に励み、ものの一、二年でペラペラになった。その後、急に中国語の勉強をすると言い出し、一冊の北京語のテキストを丸暗記した。北京にも一か月留学し、日常会話だけでなく書いてあるものも読めるようになっていたのには驚かされた。

八歳の若さで会長にはなってない。組織や意思決定の仕方をいくら磨いても、ネジを巻けば動き続ける時計のようにはいかない。どうしても創業家である私、井川の後をついてきたらこうなったと思ってるからね……。

——当面の課題は

しばらくは難しい時期だ。今までやってきたことに磨きをかけ、動かないことだね。ただ、展望は持っている。製紙業界の枠を超えた動きも出て来るだろうから、見ておいてほしい。

ミシンから家電へ　輸出専業で成長

船井電機

社長　船《ふな》井《い》哲《てつ》良《ろう》

昭和二年生まれ

――なぜ会社経営を志したのか

十八歳の時に大学入試に失敗した。この時、四十歳までには、五つぐらいの会社の社長を兼務する経営者になってやろうと誓いを立て、大阪のミシン問屋で商売の修業に入った。商売のコツをつかんだところで、二十四歳の時に独立し、ミシンの卸業を始めた。初めは、下請けの工場に生産を委託、製品を輸出していた。しかし、輸出割当枠を確保するには、自前の生産工場を持たなくてはならない。それで、ミシン製造を始め、海外、主に北米市場を対象にした一〇〇%輸出専業メーカーになった。

ところが、輸出が増大して業界で輸出向けの製品の生産調整を行うようになった。このままでは細々とミシンを作るしか道はなくなる。そこで目を向けたのが、輸出の花形になろうとしていたトランジスターラジオだった。

一部のミシンメーカーではトランジスターラジオを手掛けているところもあり、見学に行くと忙しそうにしている。受注の多い、いい商売だとやる気になった。ラジオを作ると決心したら、製品ができる前に社名も変えたほどだ。

――業種転換はうまくいったのか

そんなに甘くはなかった。ラジオとミシンはまったく違う分野だった。実を言うと今でも弱電のことは、よく分からないんだ。まず知り合いを通じて大阪の電機会社から技術者をスカウトした。しかし、

わが社の歩み

船井社長は国内向けのミシン卸から始め、ミシンの製造、輸出専業メーカーとして業績を伸ばした。トランジスターラジオに続いて、ステレオ、テレビ、ビデオデッキなどを製造し、米国メーカーなどにOEM供給して、海外での売り上げを拡大する独自の経営戦略が特徴だ。

八七年からは自動製パン器などの国内向け販売も始めた。写真がインターネットのホームページに掲載される写真シール機も開発している。

九九年六月期の売上高は、前期比六・七%増の一四五八億円、経常利益は同二五・〇%増の六一億円。二〇〇〇年六月期の売上高は一六〇五億円を見込んでいる。北米向けが約六割を占め、国内は一割強にとどまる。従業員数は約千人。

1951	船井ミシン商会創業
59	船井軽機工業に社名変更
61	船井軽機工業のトランジスターラジオ部門を分離して船井電機設立
68	台湾船井電機を設立
69	大阪府大東市に本社社屋完成
83	VHS方式のビデオの製造を開始
85	ビデオ一体型のテレビの製造開始
87	家庭用製パン器と再生専用ビデオで国内市場に参入
92	中国工場でビデオの生産を開始
99	大証二部に上場

トランジスターと周波数の調整に使うバリコン（可変コンデンサー）という重要部品が手に入らない。ラジオは生産すればいくらでも売れた時代だったが、この二つがなければラジオはできない。困った末に五九年当時、ラジオ用のバリコンを、ほぼ独占的に製造していたミツミ電機に直接乗り込んで、部品を分けてもらおうと、交渉した。

応対した営業課長は、早く帰ってくださいと相手にしてくれない。バリコンがなければ、ラジオは作れないから、簡単には引き下がれない。船井は近い将来、月産十万台のラジオを作る会社になる。バリコンも大量に仕入れるようになるから、何とか売ってほしい、と必死に粘った。結局五時間かかった。それでも心配だから、五百個分の前金を払って領収書をもらった。継続して部品を入れてもらう保証のつもりだった。

次はトランジスターだが、一見《いちげん》さんには売らないと半導体メーカー二社から断られた。商社の日綿実業（現ニチメン）はミシンの輸出取引で信用を得ており、ラジオでも応援すると約束してくれた。日綿が全面的に保証するということで、トランジスターも入った。結局二年後には、月産十万台を達成できた。ミツミの交渉相手の営業課長は、現社長の森部一夫さんで、いまでは私の親友だ。

――アメリカで売り上げを伸ばした決め手は何か

ミシンで培った輸出専業メーカーとしての経験が、ラジオを始めとした家電製品でも生きた。扱う商品は変わったが、米国では納期、品質、値段と三つの条件が日本以上に厳しい。納期を守り、品質が良く、値段も安いという当たり前のことを徹底した。品質管理には特に力を入れた。トヨタ自動車をお手本に、設計から製造、販売にいたる各段階で製品の質を高める全社的な提案、改善活動をフナイプロダクションシステムと名づけて導入した。今で言うＱＣ活動だ。社長や技術者だけでなく、現場の工員も全員参

証言 あの時

時代変化に早い対応

象印マホービン常務　朝倉重道さん

ニチメンのアメリカ現地法人に勤めていた時、船井電機のラジオやステレオを米国で売った。ミシンを製造していたころからの長い付き合いがある。一緒に沖縄にラジオ工場を設立したこともある。品質で満足できる製品を安く作る技術はすばらしいものがあった。価格競争力があったから、米国で販売が伸びた。船井さんは、時代の変化に迅速に対応し、素早く決断する。景気のいい時には投資を抑え、不景気の時に思い切った投資をしてチャンスをつかんできた。

加で生産システムの改善に努めた。ラジオから始め、ビデオではこの方式が花を開いた。

――海外の生産拠点作りはどう進めたか

六八年に台湾に工場を設けた。すでに進出していたミツミの森部さんに誘われて、六七年に台湾南部の高雄に視察に行ったのがきっかけだ。港湾施設が整備され、輸出拠点としては最適だし、人件費も安かった。これだと直感して、進出を決めた。ポケットにあったトラベラーズチェック（旅行小切手）で、手付金を支払った。役員が寄り集まって決めるような時間の余裕はない。十分な情報を得ながら、経営者が責任を持って決めることが必要だ。過去の経験の切り売りでは通用しない時代だ。

六年前には中国・広東省で委託生産を始めた。台湾の工場が中国から部品を調達していたが、直接出るほうがコストダウンできると判断した。海外生産は九〇％を超えている。

――国内での戦略は

証言 あの時

熱心さに将来を期待

ミツミ電機社長　森部一夫さん

船井さんはラジオのバリコンを買いにやってきた。大手からの注文が殺到し、生産が追いつかず、ほかに回す余裕はない。営業課長だった私はすぐに帰ってもらうつもりだった。でも、試作のラジオしか作っていなかったのにもかかわらず、将来はこうなると非常に大きな数字をいう。熱心に話すのを聞き、この人は将来を期待できるのでは、と思うようになった。仕事が好きなんだと思った。結局、あの時に話していたプラン通りに事業を展開した。大したもんだ。

米国ではビデオ、テレビで大きなシェアを持っている。ＯＥＭ（相手先ブランドによる生産）メーカーから自社ブランドになっても売れている。米国でシェアを持っていて、国内はなぜ売らないのかと疑問に思うようになり、八七年から国内販売にも本格的に参入した。ビデオを戦略商品にして二年間私自身が日本国中の量販店を歩いた。日本には流通の難しさがあるが、いずれは米国型の市場になって、品質、価格とも大手家電メーカーに負けない船井の商品が売れるようになるだろう。

創業の初心貫く　個人店感覚で成功

がんこフードサービス

社長　小嶋《こじま》 淳司《あつし》
昭和十四年生まれ

――学生時代から飲食業に関心があったとか

実家が和歌山県上富田町で雑貨店を営んでおり、子供のころから家業を手伝っていた。大学に入るまで母に代わって店を切り盛りし、いずれは事業を起こそうと決めていた。飲食業は比較的小さな資本で店が持てると狙いをつけ、学生時代に大阪近郊の繁盛していた飲食店五十店を調べた。中でもすし店は客単価が高く、将来性を感じた。

――大学卒業後、すぐに修業した

大阪のＪＲ鶴橋駅前に屋台のすし屋があり、すし職人として見習いで働いた。毎日、一食はすしを食べ、大阪近郊の繁華街のすし店を見て回るのもノルマにしていた。一年間で数百店になったよ。その結果、店を構えるなら阪急電鉄の十三駅前（大阪市淀川区）しかないと決めた。有名なすし店が十数軒もあり、この地で勝負して生き残れば、どこでも通用すると思ったからだ。一号店はもちろん十三にした。

――なぜ店名を「がんこ」に？

子供のころから大人を相手に商売をしていたが、向こうの言いなりになってはだめ。それで筋を曲げない、自分の考えを通すがんこ一徹の性格になった。そのせいか、いつの間にか「がんこ」とあだ名をつけられた。すし店を開いた際に、昔のあだ名を思い出し、がんこさを貫いて商売を続けていこうと店の名前にしたんだ。

――念願の店は順調にスタートしたのか

一号店は四坪半の小さな店だったが、繁盛していた。いつかはもっと大きくしたいと、社員にも将来の計画を言い聞かせていた。しかし、ある日、店のトイレで社員同士が「社長は大ぼら吹きだ」と笑っているのが聞こえた。がく然とした。早く店を大きくして、おれの言っていることが本当だと証明したかった。

開業二年後に、すぐそばのパチンコ店が移転した。最高の立地条件で店を拡大するチャンスと、すぐにでも建物を借りたかったが、資金がない。保証金だけでも一〇〇〇万円と、とても手元資金では手が届かない。都市銀行の支店に毎日通い詰めて融資を申し込んだが相手にされなかった。半ばあきらめていたところ、ある信用金庫が融資すると言ってきた。後になって聞くと、その信金の理事が週に二回は私の店に来ていた常連さんだった。どこにチャンスが転がっているか分からないもんだね。

――回転ずしも手掛けている

九六年から始めた。通常のすし店では職人一人が対するお客さんの数に限りがある。すしの値段が高いのは、人件費がかさむことも理由の一つだ。一人でも多くのお客さんに、すしを安く食べてもらおうと、人件費が削減できる回転ずしに着目した。外食業界から「しにせのすし店がどうして回転ずしをやるの」と皮肉を言われた。でもね、みんなが思いもつかないことをやるのが事業だ。世間から疑問を持たれる事業は必ず伸びる。経験から私はこれを確信している。

——すし以外の外食にも挑戦しているが

すし店だけでは事業展開に限界があり、他の外食を研究していた。北海道の釧路で大阪出身の人が経営している炉端焼き店がはやっていると聞き、見に行った。海産物をお客さんの目の前で焼いてすぐに出し、値段が安くて女性客も入りやすい。これをヒントに、七一年に炉端焼き店を出した。すし店ほど技術を必要とせず、早いペースで出店できるため、

わが社の歩み

「おいしいすしを、より安く」をモットーに小嶋社長が二十七歳で開業したすし店が始まり。小嶋社長の学生時代のニックネームだった「がんこ」を店名にし、ねじり鉢巻きに口元をぎゅっと引き締めた社長本人の似顔絵が店の看板となっている。

六九年に小嶋商事を設立し、すし店のほか、炉端焼き店、和食複合店、洋風居酒屋、和食郊外型店、トンカツ店、回転ずしなど、外食事業を拡大。八〇年に現在の社名に変え、七十一店舗を経営している。

九九年七月期の売上高は前期比三％減の二〇一億円。資本金は六〇〇〇万円で、従業員は二千八百七十三人。本社は創業の地、大阪・十三に置く。

庭園が残る旧屋敷を活用した店舗があり、全国での「屋敷型店」の展開を進めている。

1963　阪急・十三駅前にすし店を開業
71　全国に先駆けて炉端焼きブームを作った梅田炉端焼き店を開店
80　がんこフードサービスに社名変更
90　江戸時代から続く旧庄屋屋敷を活用した平野郷屋敷店を開店
93　銀座４丁目店開店で東京に進出
94　トンカツにも進出し、とんかつ頑固１号店を三宮に出店
96　製造から販売まで行うがんこ豆腐１号店を開店

証言 あの時

大事業起こす人と確信

プロズフード社長　長田友次さん

小嶋さんは大学を卒業後、私が鶴橋でやっていた屋台のすし屋に「修業させて」と飛び込んできた。屋台なので午前四時ごろまで店を開けていた。私が先に帰ってひと眠りし、午前六時過ぎに市場へ行くと、小嶋さんは一睡もせずについてきた。一年後に自分の店を持ったが、仕事熱心な性格は変わらなかった。私の妹が梅田の交差点で見かけたところ、信号待ちをしながら一時間近くも立ったまま居眠りしていたそうだ。当時から大きな事業を起こす人と思っていた。

現在では十九店になった。

――失敗はあったのか

六六年から二年間、すしの持ち帰りの専門店を手掛けた時だ。外食産業がピークを迎えた時代で、あっという間に二十店になり、急成長した。公認会計士を目指していた人とすでに外食産業で活躍していた人、服飾業界で社員教育を担当していた人をスカウトして、さらに事業を拡大しようとした。でも、外部から人が入ったことで社内がまとまらなくなった。結局、経営権を売って、この分野から撤退した。小さなすし店からスタートした初心に帰り、社員みんなで歩むことの方が大切だと思ったからだ。

――株式の上場は?

よく聞かれる質問だ。事業を拡大していく上で、株式市場から資金調達することも必要だろう。しかし、がんこなせいか、小さなすし店から始めた「個人店」の感覚を持ち続けたいとの思いが強く、当面は考えていない。だが、すし以外の業態で別会社を

証言 あの時

見習う点多い働きぶり

ロイヤルホテル社長　臼井孝之さん

小嶋さんは和歌山県立田辺高校の三年後輩で、同窓生の出世頭だ。社員を連れてミナミのがんこの店へ行ったことがあったが、連絡していなかったのに玄関で待っていてくれた。恐らく店から知らせを受けて、駆けつけてくれたのだろう。そういう腰の低さがだれからも愛され、見習う点が多い。社長として走り回りながら、高校の同窓会の幹事や業界の役員をこなすなど、世話好きだ。小嶋さんのよく働き、よく学ぶ精神は、どの業界でもお手本になる。

設立して行う可能性はある。

――今後の事業展開は

全国には文化遺産とも言える旧屋敷が多く残っている。九五年に、京都の高瀬川沿いに残る豪商の旧屋敷を活用した店を出したが、今後も同じような店を展開していきたい。また、自然と一体となり、近くでとれた川魚が出せるような店も考えている。外食産業は効率だけを重視するようになった。安く、早く食べるだけでなく、雰囲気を楽しみながらくつろげる場所を提供したい。この夢を自然に恵まれた山村の店で実現してみたい。

加工専業で受注を拡大

東洋紙業

会長 朝《あさ》日《ひ》多《た》光《こう》

明治四十一年生まれ

――大阪の和紙問屋に養子に入られたそうですね

徳島高等工業学校（現徳島大学）で機械工学を勉強していた二十一歳の時だ。学校の先生の強い勧めだった。大学に進学させてもらうのが養子の条件だったが、養父が五十歳の若さで急逝してしまう。不本意だったが、大学進学をあきらめて結婚し、家業の和紙問屋を継いだ。ところが、古手の番頭が五人もいる。学生さんみたいなのに何がわかる、という態度がありありと見えたが、逆にやってやろうという気持ちになった。

――東洋紙業の始まりは

王子製紙が日本の製紙業界を牛耳っていた時代だった。その総販売店だった中井商店（現日本紙パルプ商事）大阪支店の呼び掛けで、紙問屋や加工業者が集まり、経費を下げる目的で封筒や便せんの規格を合わせ、大量生産する組織を作った。それが、前身だ。私は、販売だけを手掛けるよりも、やりがいがあると思って参加した。紙袋を作ったり、印刷などの加工をしたりして、付加価値のある二次製品全部を売ってやろう、と考えた。

――ライバルは？

当時は、加工を専業でやろうという発想自体がなかった。たとえば、菓子を入れる箱なら、菓子屋が自分で組み立てていた。それを、工場まで作って、専門でやろうというのだ。注文する方も最初はこわ

わが社の歩み

一九三一年、紙加工製品の大量製造加工を手掛ける「黎明会《れいめい》」が発足し、同会に朝日多光氏が参画した。六年後の三七年、法人に改組。第二次世界大戦中、大阪の印刷業界で、唯一の海軍監督工場に指定された。戦後は百貨店の包装紙や広告物の印刷に注力し、百貨店の全国展開とともに、営業網も拡大してきた。

現在は企業の製品カタログ、出版物などの商業印刷や、キャッシュカード、包装用のパッケージ印刷、ビジネスの帳票などに事業分野を広げている。「サービスの東洋紙業」がモットー。経営理念は「愛情と闘魂」。

九九年三月期の売上高は六二五億円（前期比六・九％増）、経常利益は前期の約三倍の三八億円。従業員数は約千七百人。東洋電子製版など関連会社は十社。

1937	東洋紙業設立
43	第三代社長に朝日多光氏が36歳で就任
44	呉海軍軍需部指定工場に
57	東京工場を新設
61	本社、本社工場を大阪市浪速区に新設
89	朝日徹夫副社長が社長、多光氏は会長に
94	高松営業所を新設
95	全国23拠点に

ごわだ。とにかく一度やらせてくださいと、頼んで回った。若かったから、営業部長兼製造部長だ。夜明け前に起きて、朝から晩まで歩き回った。次第に受注も増え、機械生産で費用を抑える相乗効果も生まれていった。

――第二次世界大戦中は苦労されたでしょう

戦争が始まり、私が東京にあった紙の統制会社で仕事をしている二年ほどの間に、百二十人いた社員がたった十二人に減ってしまった。大阪に急いで戻ったが、兵隊や、軍需工場に徴用され、残っているのは高齢者か病気の人ばかり。がく然とした。再生をかけて社長に就任したが、まず、仕事を見つけなければならない。当時は軍の仕事しかなかったから、大阪・北浜にあった海軍の軍需品本部に出掛けた。

すると「軍の仕事をする者は二年も前から決まっている。帰りなさい」と言われる。でも、それで帰っていたら仕事は取れない。入り口にある長いすの端に一日中座っていた。それが六日間続いた。朝行って、あいさつして座る。私の気持ちを見てほしい、と思うだけでほかには何も考えていなかった。それが、最高責任者の中佐の目に留まったんやね。「国民服を着て腰掛けているあれは何者や」と部下に尋ねたらしい。普通なら、ひざや腕を組むとか、居眠りをするはずだが、じっと両手をひざに乗せ、目を見張っているので、あいつはおかしいと思ったようだ。話を聞こう、と部屋に呼ばれた。紙の統制会社に行っていたから、紙には詳しい。一気に話し、それで仕事をもらえた。二、三日はかかるはずの仕事を、徹夜で仕上げ、普通の印刷屋とは違う、と信頼してもらうようになった。

――戦後は逆に軍の仕事がなくなった

あの時は困りました。生一本の熱意で、得意先を回り仕事をもらった。きつい仕事もあったが、仕事さえあれば、どんなものでもやるという気持ちでやった。誠心誠意やれば、何か通じるものだ。

――一九五〇年ごろ、再び危機に陥ったとか

証言　あの時

熱心に得意先回り

江崎グリコ社長　江崎勝久さん

朝日さんは、得意先回りに非常に熱心だ。大みそかにあいさつして、翌日、年始のあいさつに来られるような人で、たえず外を歩いておられる。九十歳になられてもペースは変わらないのではないか。だからといって、印刷の仕事をくださいというわけではない。顔を出すということを大切になさっている。営業マンとしては大したものだ。頭で考えても、なかなか実行し続けることはできない。顔を売って、会社をPRし、サービスを充実させるという精神が貫かれている。

親せきに経営を任せていたが、ある日突然、二日後に不渡りを出しますと報告に来た。びっくりした。あそこへ頼め、こちらに頼めと指示したが、すでに、すべて手を打った後で、どうしようもない。万策尽きて、マージャン友達で、幸福無尽会社、今の幸福銀行の前社長だった先代の頴川《えがわ》徳助さんのところに駆け込んだ。頴川さんは、部下が反対したにもかかわらず「貸せ」と言ってくれた。しかし、金利は高く、借金が一年で倍になるほどだった。借りた一〇〇〇万円はたちまち四〇〇〇万円に膨らんだ。雲をつかむような大きな金額だったが、返せた。その後のインフレに助けられたのも一因だが、今考えても不思議だ。

――労使関係は昔から良好だそうですが

社員は自分の子供や、と思うてるから。組合も私が作らせた。一九六〇年代の風潮で、今ごろ組合がないのはおかしいからと言ってね。役員の中には、「社員から（組合を組織すると）言ってきていない

証言 あの時

会社の愚痴言わず

近畿日本鉄道相談役　上山善紀さん

二十数年の付き合いだが、会社のことで一度も愚痴を聞いたことがない。いつも世間の話を面白く語ってくれる。社長は社内の業務に専念せよ、ということなのか、会長として寸暇を惜しんで外回りをしているようだ。社交ダンスが得意な柔らかいお人柄でもある。阪神大震災で自宅も相当の被害を受けたはずだが「避難して私、どこに住んでいるのか知りまへんねん」とおうように構えているのには驚いた。ひょうひょうと歩き回る姿に親近感を覚える人は多いはずだ。

のに、あえて作らせる必要はない」という意見の者もいたが、時勢に合わせ、意見をまとめさせようと考えた。

――近ごろはリストラが大はやりです

東洋紙業に縁があって入った人は、絶対にクビにしない。かつて二度、使い込みをした社員がいたがクビにしなかった。すると、私が裏でかんでいるのではないか、とまでうわさされた。社員が悪いことをしたら、もちろん怒る。でもクビにはしない。子供や、と思うから。子供はどんな悪いことをするかわかりませんが、かわいいものです。

蛍光体にこだわり　世界規模のメーカーに

日亜化学工業

会長　小川《おがわ》信雄《のぶお》

明治四十五年生まれ

――自分で事業をやろうとしたきっかけは

動機が面白いんだ。戦後復員して、大協石油（現コスモ石油）の四日市工場に勤めていた。昭和二十三年（一九四八）七月、大阪に仕事で来た時、電車が事故で止まって動かなくなった。仕方なく阿倍野のデパートに行ったら、易者に呼び止められた。「商売をやったら人にだまされる。カネをためたら若死にする。技術一本で頑張ったら世界一になれる。おれの言うことに間違いはない」と言うんだ。大企業では自分のやりたい研究はできない。易者はどこでやってもいいというので、ふるさとの徳島県に帰った。裸一貫でやっていくという運命を持っているのだと思った。今も易者の言ったことを守っている。

――すぐに蛍光灯の蛍光体の研究に取り組んだ

のか

いや、まず大理石を使って結核の薬（ストレプトマイシン）の材料になる塩化カルシウムを作った。しかし、薬の効果のおかげでみるみる結核がなくなっていく。事業としては先行きは不安定だ。事業として長持ちするものをやりたかった。それが蛍光体だった。塩化カルシウムは蛍光体の材料のリン酸カルシウムに成分が近い物質なんだ。ずっと以前から、蛍光体を研究したいと思っていたが、資金もなくて取り掛かれなかった。

——蛍光灯との出合いは

蛍光灯を初めて見たのは軍隊にいた昭和十七年（一九四二）、フィリピン・ミンダナオ島のホテルだった。驚いたね。GE（ゼネラル・エレクトリック）社製で、今の蛍光灯に比べたら暗かったが、青い幽霊のような光が輝いていた。蛍光灯はエネルギー効率がすばらしい。人間には光明が必要で、絶対に蛍光灯は廃れないと思った。

——蛍光体事業はうまくいったのか

僕は徳島高等工業学校の応用化学科製薬部（現徳島大薬学部）を卒業した薬剤師でしょ。しかもこんな片田舎の小さな会社ではなかなか電機メーカーは相手にしてくれなかった。売り込みに行くと研究所の人は評価してくれても、蛍光体を製造する現場の人がだめと言う場合が多かった。辛抱が大事だと悟ったね。僕は短気だったが、だんだん気が長くなったよ。

——どうやって蛍光体のシェアを拡大したのか

当時、国鉄が蛍光灯のコンクールを主催していた。うちの蛍光体材料を使った蛍光灯が一九五七年から三年連続でトップになった。多くのメーカーが二千五百ルーメン（面積当たりの明るさの単位）ぐらいだったのに、うちの材料を使った蛍光灯は二千八百も三千ルーメンも出すんだ。明るい蛍光体ができたら、使わざるを得なくなる。

徳島で作ろうとどこで作ろうと、製品が良かったら世界で通用するようになる。そのうち大手メーカーが蛍光体を作らなくなった。うちで買ったほうが、安くでき、明るいからだ。自分のところで作っていたらそろばんが合わなくなる。僕は客観的に品質が証明できるものしかやらない。テレビの蛍光体もそうだ。結局、一番明るいのが勝つ。

——電機メーカーはなぜ良い蛍光体を作れない？

正直なんでしょうなあ。蛍光体は化学製品だから、化かさないとだめ。電機メーカーは化かすのが苦手だったのでしょう。大切なことはとにかく、実験を繰り返すしかない。労を惜しんではいけない。本に頼り過ぎてもだめだ。本では今ある技術しか学べな

わが社の歩み

徳島県阿南市に本社を置く、照明やカラーテレビの蛍光体の最大手メーカー。国内の六五％、世界の三五％のシェアを占める。大型カラーテレビを可能にした明るい画期的な青色の発光ダイオードや、デジタルビデオディスク（ＤＶＤ）の記憶容量を高める青色半導体レーザーなどの開発で話題になった。九八年十二月期の売上高は前期比一四％増の四一二億円、経常利益は同五％減の五五億円。従業員は千五百人。

創業者の小川会長が四八年に設立した協同医薬研究所が、蛍光体原料のリン酸カルシウムの製造、販売の日亜化学工業に発展した。「日亜」は日本とアジア、アメリカを表し、徳島県から世界市場をとる製品を生み出す意気込みから名づけた。

1948 徳島県新野町（現阿南市）で協同医薬研究所設立
52 塩化カルシウムの研究を開始
54 蛍光体原料のリン酸カルシウムの研究を始める
56 日亜化学工業を設立
64 上中工業所（現本社工場）の操業開始
71 カラーテレビ用蛍光体の製造開始
93 青色の発光ダイオードを開発
96 白色発光ダイオードの開発に成功

証言 あの時

勘所よく知る

元ソニー副社長、元アイワ社長　吉田進さん

いいカラーテレビを作るために明るい蛍光体を探していた。徳島でユニークな研究をしている日亜化学の蛍光体を採用した。同社の蛍光体は信頼性が高く、使ってみると寿命も長いことがわかった。一万時間以上も輝度が変わらなかった。トリニトロン方式のカラーテレビの完成に大きな貢献をしてもらったと思っている。小川さんは化学物質の分析技術に優れていた。勘所をよく知っていたのだろう。言葉の一つ一つに含蓄があり、私の尊敬する人物の一人だ。

い。

――カラーテレビの蛍光体、さらに発光ダイオードへと事業を広げた

照明用からカラーテレビの蛍光体を手掛けるのには十数年かかっているが、大きな違いはない。うちは地続きのものしかやらない。ダイオードに進出したのも以前から原料のガリウムを作っていたからだ。うちがこれまでやってきたのは、いかに純粋に明るいものを作るかだ。つまり、もっと明るくだ。これは二十一世紀になっても変わらない。

――明るい青色ダイオードの開発にも成功した

中村君（青色ダイオードを開発した中村修二主幹研究員）は徳島大大学院の出身だ。実は京都の大手メーカーに就職が決まっていた。奥さんが徳島の人で、地元で残るならうちしかないと指導の教官が勧めた。面白い男だと思って自由に遊ばせていたんだ。

――青色ダイオードはすぐにできたのか

最初、明るい赤色のダイオードを作ってきた。自分で売りに行かせたら、だれも買ってくれないという。コストがかかり過ぎて売値が高すぎたためだ。研究者が作るものでも、売れる商品でないといけない。僕も自分で作って自分で売りに行った。そうこうしていると、今度は青色のダイオードを作ると言ってきた。できるような気がするというので、研究費はいくらかかってもいいからやれやれとはっぱをかけた。子供が跳び箱に向かうのは、跳べると自分で思うからだ。人間はやれると思わなければできない。そういう人間がもっと出てきてほしい。

証言　あの時

技術者を信頼

元東芝半導体事業部次長　小林光二さん

姫路工場に勤務していた六五年に小川さんが工場に蛍光体の共同開発をしたいと訪ねてきた。輝度の優れた革新的な蛍光灯を開発しようという話になった。一緒に協力して明るさのほか、形状もガラスの内面に塗りやすい蛍光体に仕上げることができた。小川さんは技術者を家族のように育て上げる。また、他から優れた人を引っ張ってくるのもうまい。技術者を信頼している。人の使い方が非常にうまいように見えるのも小川さんの人徳のせいなのだろう。

世界に先駆け開発 熱収縮ラベルで飛躍

フジシール

会長 藤《ふじ》尾《お》 正《まさ》明《あき》

昭和五年生まれ

——継いだ家業を業種転換したとか

もともと大阪市内で日本酒やしょうゆの樽《たる》の呑《の》み口や木栓を作っていた。私は三代目だが、戦後は容器としての樽そのものが減り、ガラス瓶が増えていった。そこで業種転換した方がいい、それも日本にないものを作りたいと考えた。それが、瓶の口の部分に封をするキャップシールだ。

——なぜキャップシールを選んだのか

ガラス瓶そのものを作るか、王冠を作るか、それとも紙ラベルにしようか。いろいろ考えたが、よそと同じ仕事では面白くない。ちょうどそのころテレビコマーシャルの影響で、地域を対象にしていた日本酒が、全国販売を展開しつつあった。ところが瓶の中身が詰め替えられているのでは、という議論が起こった。キャップシールで封をすれば、商品への安心感を与える。そこに目をつけた。藤尾製作所を立ち上げ、キャップシールなどの包装製品に専念するようになったのは、私が二十七、八歳のころだ。

――スムーズだったか

いや、業種転換には、父の益吉を含めた親族会議で猛反対にあった。でも、何とか押し切った。木栓などを作っていては、将来は明るくないと考えていたから……。結局、父は「側面から応援する」と言ってくれたが、父の意向に沿わず親不孝だよね。木工所は、古くから働いてもらっていた人が、お客さんを含めて引き継いだ。キャップシールをやらなければ

わが社の歩み

加熱すると縮むフィルムを清涼飲料水や化粧品のラベルにするシュリンク（熱収縮性）ラベルのトップメーカー。大阪市中央区と東京都中央区の二本社制をとる。九九年三月期の売上高は前期比七・二％増の四二九億円、経常利益は同二四・五％増の三六億円。

藤尾会長の祖父吉五郎氏が一八九七年、大阪市内で藤尾木工所を創業したのが始まり。藤尾会長がアルミはく製のキャップシールを開発し、一九五八年に株式会社藤尾製作所として法人化。収縮チューブのキャップシールやシュリンクラベルを世界に先駆けて開発し、約三十年にわたって売り上げを伸ばし続けている。

アメリカ、ドイツなど欧米を中心に海外展開も活発で、九七年十月に株式を店頭公開した。

1897	藤尾吉五郎氏、藤尾木工所を創業
1958	藤尾製作所を設立
67	冨士シール工業に商号変更 正明氏、社長に就任
75	ニチメンと合弁でアメリカン・フジシール設立
85	正明氏が会長、弟の隆氏が社長に 販売会社フジシールを設立
94	冨士シール工業とフジシールを合併し商号をフジシールに変更
97	中野正氏、社長に就任 株式を店頭公開

ば、うちの発展はないと確信していたから、家業を思い切って変えるのに迷いはなかった。しかし、初めは製造方法もわからない。売り上げゼロで走り出し、一番苦しい時期だった。

初めはアルミはくを使っていたが、シールを瓶の口に合わせるのが難しかった。何とか簡単にシールをつけられないものか思案していた。そんなある日、プラスチックフィルムにお湯をかけると、竹の物干しざおにぴったり貼りつく光景を見てひらめいた。早速その材料を扱っていた三菱樹脂に買いに走った。短く切り、瓶の口に合う加工方法を自分で工夫したんだ。そうやって、一九六一年に開発したのが収縮チューブのキャップシールだ。

――次にシュリンク（熱収縮性）ラベルを手掛けた

ちょうどスーパーマーケットが普及し始めたころで、対面販売でないため一つ一つの商品そのものが目立つように宣伝する必要性が出てきた。それを可能にしたのが、豊富な文字やデザインを施せるシュリンクラベルだ。フィルムに熱を加えて横に二倍程度に広げ、いったん冷ます。これにデザインや文字を施して再び熱を加えると、元の形に戻ろうとして、どんなに変形した容器にもぴったり貼りつく。

世界に先駆けて開発した技術で七〇年に本格製造を始めた。需要にこたえ、販売が着実に伸びた。印刷は自前で、包装機械も自社で製造、販売している。ペットボトルの清涼飲料水のラベルなどは、ほとんど当社の製品だろう。シェア（市場占有率）は五〇%を超えている。

――海外展開も活発だが

七五年にニチメンと合弁でアメリカン・フジシールを設立した。ニチメンに中野さんという課長（中野正・現フジシール社長）がいて、アメリカ進出を勧められた。一、二年は迷ったが、自分の商品がどこまで通用するか試そうと思った。八二年には米ジョンソン・エンド・ジョンソン社の鎮痛剤に毒物が混

証言 あの時

経営に迫力感じる

元三菱樹脂常務　荒木秀浩さん

八七年四月に三菱樹脂の常務になり、フィルム事業部長として最初にお会いしたお客さまだった。三十年以上総務畑を務め営業は不慣れだったが、藤尾さんとは非常にウマが合った。新しい事業や海外進出の案件で迷った時、個人的に相談すると「早く意思決定し、即実行に移すことだ。あかんかったら恥ずかしがらんと撤退や。そうしないと従業員が路頭に迷う」と言われたことがある。サラリーマン経営者にはない迫力を感じた。ずっと心の友だと思っている。

入される事件が起きた。すぐに飛行機に容器全体を包み込む（異物混入の恐れがない）シュリンク包装の機械を載せ、私も同社に駆けつけた。向こうも困っていたから、早速、導入してくれた。少々売れなくても、欧米では各業界の大手とだけ付き合った。そこで採用されれば、日本の会社も次々採用してくれると思ったからだ。

――痛い目にも遭った

かつてイギリス領事館からの頼みで、同国のラベルメーカーに工場を見学させたら、逆にシュリンクラベルのパテントを取られて訴えられたことがある。争ったが、権利を共有する形で和解に持ち込むのが精一杯だった。それまであまり特許に関心がなかったが、この時に権利関係の怖さを知り、今は約四百件の特許を持っている。

――今後の展望は

七三年の石油危機では売り上げが倍増した。不景気になれば各メーカーは「もっと売れる商品に変え

証言 あの時

時代の変化先取り

三和銀行常務　吉田憲正さん

同業種の複数のメーカーからラベルを受注するというのは、信頼感がなくてはあり得ない。企業の倫理をきちっと守っているからこそだ。九二年に船場支店長になった時からのお付き合いで、初対面では怖い印象を受けたが、笑顔は柔らかかった。部下に対しては仕事に厳しいが、思いやりにあふれている。時代の変化を先取りする大胆さがあるとともに、繊細な神経を持っている。様々な面で両極の顔を持つ、人間の幅が広い人だと思う。一個人としても魅力を感じる。

よう」と考える。すると容器やラベルも変わるから需要が伸びる。さらにゴミ問題や地球温暖化をキーワードに容器自体も変わっていくだろう。欧米に進出したのは、市場よりも情報が欲しかったからだ。欧米の大手企業と組んでいるので、文化の違う市場での変化がすぐに伝わってくる。この情報を生かし、新しい容器のデザインやパッケージそのものをどんどん提案したい。創業百年の節目で株式を公開したのは、一族で会社を支配するつもりはなく「YOUR（あなたたちの）カンパニー」にしたいからだ。会社を世界に認められる公器としたい。

引っ越し専業へ　アイデアで勝負

アートコーポレーション

社長　寺田《てらだ》　千代乃《ちよの》
昭和二十二年生まれ

――夫で専務の寿男さんと二人三脚ですね

一学年上の主人とは中学校のころからの付き合いです。主人は車が好きで、ドライバーとして鋼材を運ぶ小さな運送会社に勤めていました。ところが、その経営者が事業をやめることになり、代わりにやらないか、と誘われたのです。当時の運送業はイメージが悪く、親戚一同は大反対。しかし、本人はどうしてもやりたいという気持ちが強い。そこで私は「やりたい仕事で失敗しても、またやり直せる年でしょう。やってみたら」と勧めたのです。

結局、周りの人には借金も、保証人も頼まないのを条件に、始めることになりました。それなら一人では何だから、これをきっかけに結婚してしまおう、と。なんだか、仕事が先か、結婚が先かわからない。

ロマンチックとは縁が遠い話で結婚まで進んだんですよ。二十歳の時でした。

――引っ越し業に目をつけたのはなぜですか

オイルショックが、引っ越し専業に進むきっかけになりました。それまでは、高度経済成長時代で、うちのような零細業者にも仕事がありました。ところがオイルショックが起きて、ガソリンがない、タイヤも買えない。何より、景気が悪くなって、運ぶ荷物がない。経営者として初めて経験する不況でした。何か手を打たないといけないと考えていた時、小さな新聞記事が目に留まりました。

「引っ越し貧乏」という見出しで、一年の間に引っ越しをした人が、大阪で一五〇億円、京都で一二〇億円、神戸で一〇〇億円も家計から支出したという記事でした。そんなに引っ越しがあるのか、だれがその仕事をやっているんだろう？　資金はないが、トラックならある。やってみようと決断し、アート引越センターを設立したのです。

――どうして社長を引き受けたのですか？

主人が社長をしていた運送業の景気が良くなるまでの片手間仕事と考えていたからです。初めは、引っ越し業を拡大させるつもりはありませんでした。ところが、やってみると実に面白い。

従来の運送業は、メーカーの製品を指定された目的地に運ぶだけの、考える余地がとても少ない仕事です。でも、引っ越しは自分で荷物を造る。家財の内容はみんな違うし、建物の形態も違う。その都度、新しい。こんなことをお手伝いしたら、という独自のアイデアを商品として提供できる。マニュアルがない世界で、サービスをひとつずつ作っていく作業が楽しくて仕方ありませんでした。

――お気に入りのサービスは何ですか

「走る殺虫サービス」かしら。ゴキブリは家財につくんですって。私、ものすごく嫌いでね。火を使わないで害虫を駆除できる商品のテレビコマーシャルを見て、これならトラックでできると思ったのです。これは引っ越し専用車としてコンテナ型の車を取り入れていたからできたことです。昔は全天候型のアルミバンは高価で、パン屋さんか精密機械などを運ぶためにしか使われていませんでした。お金がなかったから、中古車センターの奥にあった元パン屋さんの車を買ってきて、みんなで塗料を落として宣伝のため「0123」という電話番号を大きく書き込みました。ドライバーは恥ずかしいと言って嫌がりましたけれど。

――引っ越し業はライバルが増えて大変でしょう

同業者から「アートさんがいるから、うちは企画

わが社の歩み

引っ越し運送専業会社の先駆け。六八年に寺田千代乃社長の夫、寺田寿男氏が起こした寺田運輸の関連会社、アート引越センターとして発足。現在、引っ越し業界で主流となっている荷造り代行などのサービスを初めて打ち出したほか、引っ越しに伴う清掃や、家財と一緒に家族も移動できるトラックの開発など、さまざまなアイデアを導入した。

家具や電化製品、インテリアの提案販売にも力を注ぎ、引っ越しに並ぶ事業の柱として、自動車の輸入、販売も手掛けている。

国内で六十四店舗を展開し、ニューヨーク、香港など海外六か所にも拠点を持つ。従業員数は六百五十人、九八年九月期の売上高は三三九億四〇〇〇万円（前期比二・四％減）、経常利益は九億六五〇〇万円（同二八・二％減）。

1977	アート引越センター設立
	電話番号を0123に統一
79	「走る殺虫サービス」開始
81	東京本部を開設
86	アメリカ、シンガポールに進出
90	生活総合産業を目指し、社名をアートコーポレーションに変更
	自動車の輸入、販売業に参入
93	予算や必要に応じてプランを選べる「おまかせパック」開始
95	キャラクターにドラえもんを起用

証言 あの時

経験生かす勉強家

富士火災海上保険相談役　葛原　寛さん

社員の転勤に伴う引っ越しを依頼する一方、アートさんのトラックの自動車保険を取り扱わせてもらうという付き合いが、二十年近くになる。日本を代表する女性経営者の一人になったが、決して偉ぶらない庶民的な人だ。インスタントカメラを利用して食器棚の中の配置を再現するような細かい配慮は、主婦の立場になって考えた社長自身の経験から出た面が大きい。新幹線で偶然出会った時、一人で書き物をされており、寸暇を惜しんで勉強されているのだな、と感じた。

室が要らない」と言われたこともあります。トラックの看板、営業マンの服装まで、驚くほどまねされました。特許庁にも足を運びましたが、当時は実害がない、として受けつけてもらえませんでした。だけど、まねをする業者が出てくると、こちらは次の手を考える。競う相手がいたからこそ、その場に安住せず、次々新しいものを作っていけたと思っています。

——つらかったことは

八一年に東京に進出した時です。反響はありましたが、事業を拡張すると運転資金がこんなにも要るものかとつくづく思いました。計算ができていなかった。しんどかったです。会社の成長に、人材の成長が伴わない苦しさもありました。だけど、もっとしんどかったのはバブルの最中だったかもしれません。仕事はたくさんありましたが、人件費が高騰し、価格にはなかなか反映できない。人手不足で働く所はあるから、簡単に辞めてしまう。みんな気持ちが浮ついてモラルが落ちていましたね。

――これからの目標を聞かせてください

引っ越し専業でトップを保ちたい。スケールだけでなく、いろいろなことを自分たちで考え出していく会社でありたい。そのためにも、引っ越しに並ぶ柱を何本か作らなければなりません。その一つとして、少子化、高齢化社会に着目し、子育てを終えた主婦によるシルバー世代のサポートビジネスを始めました。彼女たちは生活経験者ですごいアイデアを持っている。そのネットワークを活用する道は広がると考えています。

証言 あの時

創造的な経営者

服飾デザイナー　コシノヒロコさん

初の女性メンバーとして一緒に、関西経済同友会に参加しました。寺田さんは自らの発想を生かした創造的な経営をされている。時代の中で生活者が何を求めているかを考え、サービスを提供している。人の心を動かすという意味で、クリエーターと共通点があります。「経営も、デザインすることと同じですね」とお話しした時、とても共鳴してくれたのが印象的でした。男の世界だった運輸業界で女性の感性を発揮し、男たちを動かして仕事する強さには感動します。

数々の苦労乗り越えガス警報器で道開く

新コスモス電機

社長　笠《かさ》原《はら》理《り》一《いち》郎《ろう》

昭和四年生まれ

――倒産を若くして体験したとか

大学（大阪大学工学部）を出て、就職した福島電機製作所はラジオの音量調整に使う可変抵抗器の名門企業で、「コスモス」ブランドで知られていた。つぶれるとは夢にも思いますかいな。部品メーカーからラジオなどを作る家電メーカーになろうとして、無理をして事業を拡張したのが、たたった。給料日に給料が払われなくなって、一九五七年に不渡りを出して倒産した。そのあと、旧会社の事業を引き継いだ「大阪コスモス電機」という会社ができたが、それも売り上げ不振で三年後につぶれた。

――二度目の倒産の時はどうしました

その当時、技術課長で労働組合の委員長も兼務していた。友人は「いい加減に、そんな倒産会社から足を洗え」と言って、私を大手メーカーに引っ張ろうとした。しかし、委員長として、毎日難問が降りかかってくる。給料は出なくなったが、社員は残っている。社員がいる限り、私が抜け出すわけにはいかない。「君らが頑張るなら応援する」という取引先も出てきた。

――それで新コスモス電機を設立した

労働金庫から金を借りて会社を作った。社長は私がやらざるをえなかった。えらいことになったというのが実感だった。設立の日は私の三十一歳の誕生日だった。仲間が気をきかして誕生日を創立記念日にしてくれた。当時、社員は百五十人いた。給料の

わが社の歩み

家庭用ガス警報器のトップメーカー。約四割のシェア（市場占有率）がある。岩谷産業にOEM（相手先ブランドによる生産）供給したガス警報器「みはり」は約千八百万台を販売するヒット商品になった。

各種センサーの開発も進め、口臭チェッカーやにおいセンサーのほか、シックホーム問題の原因とされるホルムアルデヒドなど室内で発生する七十種類の有毒化学物質を検知するセンサーも九八年九月から発売した。

経営破たんした大阪コスモス電機の労組委員長をしていた笠原氏が社長となり、一九六〇年六月に設立された。

九九年三月期の売上高は前期比四・六％減の一三一億三八〇〇万円、経常利益は同一二・九％減の一二億二一〇〇万円。従業員は四百一人。本社は大阪市淀川区。

1960	新コスモス電機設立
63	可燃性ガス警報器「A－1型」を発売
64	家庭用ガス警報器「A－3型」を発売
67	携帯用ガス検知器「XP－301」を発売
69	家庭用ガス警報器「みはり」発売
85	音声タイプの警報器「ぴこぴこ」発売
96	株式を店頭公開

遅配で、社員とその家族が食べることにも事欠く苦労を、会社の倒産で経験してきたから、遅配、欠配をせずに給料日には給料を出すと社員に誓った。そのために給料日前には自宅にあった有り金をかき集めて、社員の給料に充てたこともあった。

――新会社になっても苦労の連続でしたね

ラジオの音量調整に使う可変抵抗器の売り込みをかけたが、うまくいかなかった。不渡り手形をつかまされたこともある。無線用の機器にも使ってもらおう、技術を知ってもらおうと、一生懸命だった。

――ガス警報器の開発に着手したきっかけは

抵抗器の材料をベークライトからエポキシ樹脂に代えてみることにした。湿度や温度の影響を受けにくく、性能がいいことがわかったからだ。ところが、新しくできた製品を出荷前に抜き取り検査してみて驚いた。抵抗値が異常に高く、全部不良品だった。「何でや」と原因を調べてみたら、製品についていた潤滑油をふき取るのに有機溶剤を使っていることがわかった。エポキシ樹脂に有機溶剤が接触すると膨れる性質がある。気化した有機溶剤がエポキシ樹脂を膨らませ、その結果、抵抗が上がったとしか考えられない。

大学時代の友人とそのことを話していて、はっと気がついた。ガスで抵抗が変わったのだから、逆に抵抗からガスがわかるはず。そのころ、ガス爆発事故がよく起きていたことが頭の中をよぎった。この原理を利用すれば、ガス警報器ができるとすぐに思ったね。

――それからは

社員にインスタントコーヒーの空き瓶を持ってきてもらった。ふたがあって、ガス濃度の実験をするのにちょうどいい。ガスを検知するために、ガスによってどんな物質が影響を受けやすいのか、合成ゴムや天然ゴムなどいろいろ試した。

――警報器はできましたか

いや、あきません。低い濃度のガスでは抵抗があ

証言 あの時

社会的ニーズを狙う

岩谷産業会長　斎藤興二さん

「みはり」という名前は社内で話し合って決めた。本体やパッケージの「みはり」の文字は岩谷直治名誉会長自らが書いた。私は自分のところの商品だと思っている。最初は魚を焼く煙やたばこの煙でもブザーが鳴って苦労したこともあった。しかし、警報器の普及で、ガス事故が劇的に減っていった。笠原さんは、ち密でこつこつと着実に努力するタイプ。人々を助け、社会的にニーズのあるものに狙いをしぼって開発したことが成功につながったと思う。

まり変化しない。ガス漏れの検知にはこの方法では不可能だと判断した。でも今さらやめられない。みんな期待しているのにやめたら会社は空中分解する。ガスを検出する方法を文献で徹底的に調べた。触媒の助けを借りる、原理的にはまったく違う方法があった。その方法で六三年に最初の家庭用のガス警報器「A－1型」が、翌年の六四年には改良した「A－3型」ができた。

――売れましたか

まず、北海道に売りに行った。北海道は冬が長い、だからプロパンガスも多く使っているはずだと。団地の奥さんを集めてね、実験をした。ガスライターの火を消して、残ったガスを筒の中に入れると「ブー」と音がする。みんなびっくりしていた。しかし、あまり売れなかった。ちょっと高かったのと、見た人以外、なかなか信じてもらえなかったからだろう。同じ原理でプロパンガス業者向けのガス検知器を出したが、これは売れた。それまでの赤字が一挙にな

証言 あの時

オンリーワンに情熱

大阪ガスケミカル会長　上田耕造さん

七九年ごろ、都市ガス用の警報器で四、五社の製品を検討していた。しかし、性能的にいいものがなく、笠原さんのところにも断りに行った。「悪いところを改良する」と資料を持って、熱心に話す笠原さんにこちらの方が説得されてしまった。結局、新コスモス電機を含む二社の製品を二、三年後に採用することになった。笠原さんは技術、経営に情熱をもって当たっている。「ナンバーワンではなく、オンリーワンになる」という言葉が忘れられない。

くなった。

――次にガス警報器「みはり」が登場した

どうしても、家庭用を作りたかった。街の発明家が持ち込んできた半導体技術を利用し、センサーやブザーなど必要最低限の六つの部品だけでできたのが「みはり」。岩谷産業がこれはいいと売ってくれた。ガス警報器の普及で、ガスの爆発事故は八一年の七百件から昨年は六十八件までに減った。失敗してもシュンとせずに見方を変えればきっと道は開ける。

お好み焼き全国展開 丁稚時代の苦労実る

千　房

社長　中井《なかい》政嗣《まさつぐ》

昭和二十年生まれ

——乾物屋の店員から商売を始めたとか

貧しい農家の四男で、中学を卒業すると、乾物屋の丁稚奉公に出された。仕事は単調だった。五年後、コックの義兄（姉の夫）が大阪にレストランを出したので、手伝うようになった。その時、義兄に「お前はコックになるのに五年遅れた」と言われ、ショックだった。遅れを取り戻すのに、同時に三つのことをやった。湯を沸かしながら、冷凍エビを解かし、キャベツを刻んだ。日曜・祝日は義兄の修行先だった店で働き、二年間は無休だった。

——お好み焼き店を開くきっかけは

義兄が大阪・住吉の自宅近くで保証金・敷金ゼロのお好み焼き屋を見つけてきた。だが、いったんは断った。お好み焼き屋は一流の職人がやるものでないと思っていたからだ。すると、義兄にどなりつけられた。「何を思い上がっとるんや。素材はメリケン粉とキャベツだけやが、簡単やから難しいんや」。実際、そうだった。混ぜ方やだしのとり方、鉄板の熱さで微妙に味が変わる。しかし、味には自信があった。

ところが、六年後、大家が「息子が店をやるので明け渡してほしい」と申し入れてきた。保証金・敷金ゼロは、いざという時に無条件で出ていくのが前提だった。そのころ、同じ大家から店を借りるなどして、レストランや季節料理店も経営していた。明け渡しを宣告されて、これらの店は整理した。黒字はお好み焼き屋だけだったからね。それで、今度はお好み焼き屋一本に絞って、店を探した。

――資金はあったのか

貯金は八〇万円しかなかった。大阪・千日前に三十五坪で保証金一五〇〇万円の物件を見つけたが、内装費を含め三五〇〇万円必要だった。取引先の信用組合の理事長に直談判したが、不動産の担保を要求された。土地を担保にと、身内に頼み込んだが、「無謀や」と反対された。担保なしで理事長に改めて申し入れると、「五〇〇万円値切ってこい」と注文がついた。もっと汗をかいて、負担を軽くしろということだったのだろう。不動産屋に掛け合って値切り、融資を受けられた。

後でわかったことだが、丁稚奉公時代につけていた金銭出納帳が役に立った。拾った一〇円玉も小まめにつけていた。私が留守の時に訪ねてきた理事長が、妻との話のなかで金銭出納帳のことを知り、実物を見て信用してくれた。

――経営方針は?

私自身、最初はお好み焼き屋が恥ずかしかった。だから、従業員はもっとカッコ悪いと思い、お客さんより従業員のニーズにこたえるようにした。従業員の定着率を高め、教育すればサービスの質も上がる。最初の店舗は民芸調のインテリアにし、ユニホームも前掛けでなく、ワイシャツに蝶ネクタイにした。

――従業員採用のポイントがユニークとか

採用は高卒が中心だが、私自身が中卒なので、中卒は無条件で全員採用している。非行少年・少女もかなりいるが、接客業は学歴でなく、人間性。中卒ぐらいだと性格を変えていくことができる。だが、教育には、ものすごいエネルギーがいる。その過程で指導する管理職も成長した。ただ、たくさん応募されると困るので、表向きは全員採用とは言ってない。

――ラジオ番組のスポンサーにもなりましたね

タレントの笑福亭鶴瓶と放送作家の新野新が出演

わが社の歩み

お好み焼き店チェーン大手。大阪市に本社を置く。従業員は八百二十六人で、うち七割はアルバイト。九八年十月期の売上高は前期比〇・五％減の四二億九七〇〇万円。

　中井社長が六七年に大阪・住吉でお好み焼き店「喜多八」を開業した後、七三年に「喜多八」を廃業し、大阪・千日前に「千房」を出店したのが始まり。七九年に若者に人気を集めたラジオ深夜番組「ぬかるみの世界」のスポンサーとなり、番組の人気とともに、売り上げを急増させ、チェーン展開も本格化させた。

　ピーク時にはフランチャイズ・チェーン店（ＦＣ）を含め四十七店に達したが、阪神大震災で神戸の二店が閉鎖するなど現在は四十三店（直営三十五店）。海外はハワイ一店。

1973　大阪・千日前で開業
74　株式会社、千房を設立
77　２号店を心斎橋に出店
79　ラジオ深夜番組「ぬかるみの世界」のスポンサーに
82　ステーキハウス風「ぷれじでんと千房」南店を出店
85　都ホテル大阪に出店
90　ハワイに進出
92　道頓堀ビル完成
97　ソウルにＦＣ店を開設

証言 あの時

「講演より商売」と忠告

常盤薬品工業会長　中井一男さん

出身地が同じ奈良県当麻町で、近所だった。同郷のよしみでよく相談にやってくる。人間としては、しっかりしているが、商売人としてはもう一歩のところであかん。ラジオ番組でちょっと有名になったと思って、商売を放ってあちこちで講演して回っていた。「もっとやることがあるやろ。店を回らんか」としかったこともある。あの時、商売だけに専念していたら、五十店が百店になっていたやろな。講演をやるなら、昔でなく今の話ができるようになれ。

する「ぬかるみの世界」という深夜のトーク番組だ。スポンサーなしでスタートしたが、一年近くたってもスポンサーがつかず、打ち切りになりかけた。私は番組のファンだったので、制作費だけを負担するとの条件で引き受けた。

ところが、あっという間に超人気番組になった。ある日、鶴瓶が番組で「千房で、ぬかるみ焼きを食べたこと、あるか」と言った。それを聞いたリスナーが店に殺到したが、そんなメニューはない。そこで、「ぬかるみ焼き」を合言葉に、ミックス焼きを一五〇〇円引きの六〇〇円にした。番組は店を全国展開していく原動力になった。

――高級店も出した

ステーキハウス風の「ぷれじでんと千房」は、従業員が三十～四十歳代になっても、誇りを持って働ける場を確保するのが狙いだった。ワインでお好み焼きや鉄板焼きを食べるスタイルが受け、外国人の接待にも使われている。

証言 あの時

下町の人情あふれる

道風運送社長　道風邦子さん

千房の一号店は大阪・千日前のうちのビルの二階だった。当時、一階はうちの事務所、二階以上もテナントの事務所ばかりで、飲食店に貸すつもりはなかった。しかし、中井さんがうちに来た時、礼儀正しい好青年という印象だった。それで、貸すことにした。保証金は一五〇〇万円。立地から言って格安なのに、さらに五〇〇万円も値切られてしまった。だが、第一印象以上の人だった。下町的な人情にあふれ、非行少年・少女を採用して立ち直らせたのには、感動した。

――**失敗は？**

来日した欧米人にも人気があったので、お好み焼きは「世界食」と甘く考えて、十分な準備もしないまま海外展開した。日本人観光客が圧倒的に多いハワイは開店三年後、何とか黒字化したが、ニューヨークからは撤退し、ゴールド・コースト（オーストラリア）は縮小した。

――**今後の課題は何か**

バブル期に建設した道頓堀ビルの金利負担も大きい。だが、今が改革のチャンス。店舗のスクラップ・アンド・ビルドを進めている。同時に、人材育成が必要だ。きめ細かい研修をする一方で、今も個別に説教している。一人が変われば、その周りも変わるからだ。

安全な食品にこだわり

秋川牧園
社長　秋《あき》川《かわ》　実《みのる》
昭和七年生まれ

――現在の事業を始める前は何をされていたのか

農業一筋だ。戦後、中国から祖母のいた山口に引き揚げてきた。一時、父が外地で抑留され、六人兄弟の長男である私が農業で家計を支えなければならなかった。小学校六年からニワトリの品種改良に取り組み、大学在学中に国の検定で一位を取ったこともある。二十四歳の時に地元の養鶏農協の役員になった。

卵を産む種鶏の輸入は規制されていた。ところが一九六二年に突然、外国種鶏の輸入が自由化され、「青い目のニワトリ」が一気に入ってきた。我々のような種鶏改良事業業者は次々に廃業や下請けに追い込まれた。戦時中に食糧不足から養鶏が一時途絶えた日本に比べ、えさを自給できた米国と埋めがたい差が生じていた。全国の業者が最盛期の二百分の一の七軒に激減しても頑張ったが、事業を続けることが難しくなり、十年間ほどは負債整理に追われた。青春時代から打ち込んだことがゼロになってしまった。

――それからは？

四十歳となった七二年に、廃虚になっていた養鶏場を借りて再スタートした。親子四人で移り住み、二メートル以上にも生い茂った雑草を刈り取り、放置された鶏フンが一メートルも積もっていたのを取り除くところから始めた。財産は厚生年金の解約金

わが社の歩み

無投薬の畜産物や無農薬の農産物など「安全で健康な食べ物」の生産・販売に特化した、パイオニア企業。山口市に本社を置く。社員は約百七十人。九九年三月期の売上高は三八億二九〇〇万円、経常利益は一億九三〇〇万円。

秋川社長が七二年に創業。収穫後に保存のために散布するポストハーベスト農薬のないコーンなどを鶏や牛の飼料とし、農薬などの影響を抑えた鶏肉や卵、牛乳を生産・販売している。冷凍加工食品の生産にも力を入れ、安全性を前面に打ち出した総合食品企業に成長しつつある。産直方式の販売先は、全国の生協や百貨店など八百か所以上に上る。

社員と約百の契約農場主らも株主になっており、農業生産分野で初めて店頭公開した。

1972	秋川氏が山口市で養鶏事業を再開
74	山口中央生協（現コープやまぐち）などと取引を開始
79	秋川食品を設立
80	安全性を高めた牛乳の販売を本格的に始める
81	完全無投薬の養鶏技術を確立
85	冷凍加工食品の製造・販売を開始
93	商号を秋川牧園に変更
97	農業畜産業者としては初めて株式を店頭公開する

を含めても三七万五〇〇〇円しかなかったが、二百羽の鶏を飼い始めた。

――サラリーマンになろうとは思わなかったのか

まったく考えなかった。私は父が昭和初期に中国・大連の郊外に開いた秋川農園の中で育った。渤海湾に臨む二百五十ヘクタールの農園ではリンゴ園の中に鶏が放し飼いにされ、ワインや地ビールも造っていた。夏には旧満州鉄道の臨時駅が設けられ、三千人もの家族連れでにぎわう「理想郷」だった。苦労してあそこまで開拓を成功させた父の姿を見て、農業は人の命にかかわる仕事、天から授かった「天職」だと誇りを持っていましたからね。

それに、早くから農業のシステム化経営に取り組んでいたので、養鶏農協の挫折によって「経営者失格」のらく印を押されたままでいることが、何よりも耐え難かった。

――安全な食品作りにこだわった理由は

再出発が、命をはぐくむ食べ物作りの原点に返る好機だと思ったからだ。人間は、順調な時には発想の転換ができないものだ。オイルショックを経て、〝実質の時代〟に変わるとも感じていた。「健康」は思想や信条、宗教に関係なく、どんな人にとっても絶対的な価値がある。十年、二十年後には必ず注目されるようになると考えた。

――だが、実現は楽ではなかったでしょう

当然だ。まず安全な卵を作ることから始めた。外国から導入された大量投薬に基づく大量飼育法では、親鳥を通じた卵の残留農薬の危険性が高い。えさにも残留農薬が含まれている。だが国にも県にも大学にも、完全無投薬の飼育方法のノウハウがない。少しお金がたまると外国を訪れたり、土を取り寄せたりして、世界約千地点の農薬汚染地図を作った。

――その結果は

農薬に汚染されていない場所から飼料を輸入することで、残留農薬を国の基準よりはるかに低い千分

証言 あの時

非常に熱心な勉強家

伊藤忠飼料取締役　川上隆史さん

北九州営業所長だった十数年前、秋川さんから「残留農薬ゼロの飼料を輸入したい」と申し入れがあった。当時はほとんどの取引先が飼料の経費削減に主眼を置いていたが、秋川さんは三時間以上もかけて安全な食品の重要性を、初対面の私に語ったのが印象的だった。非常な勉強家で、一緒に渡米した時も、毎晩ホテルでリポート用紙に質問事項を書き連ねては、翌日再び農家やサイロ会社を訪れて、自分が納得するまで質問をぶつけていた。優れた研究者であり経営者だ。

の一ppm以下にすることができた。さらに一万分の一ppm以下にするため、八九年に長男と全米の農家を回ってトウモロコシを集めて歩いた。約百三十か所を調査した結果、大穀倉地帯のミシシッピ川沿いが適当という結論に達した。だが、貯蔵中や輸送の途中で農薬を混ぜるポストハーベスト農薬の問題を解決する必要があった。飼料会社の人たちと再渡米して、アイオワ州などに農薬を使わない専用のカントリーエレベーター（大型乾燥貯蔵庫）を確保し、他の収穫物との分別輸送の契約を結んだ。今では、遺伝子組み換えをしていないことも条件に加えた「スーパーポストハーベストフリーコーン」を使って月に約二百七十トンの卵を生産している。

――販売面の苦労もあったのでは

昭和四十年代後半はまだ、健康食品という言葉はないころで、消費者への啓蒙《けいもう》活動も自分でしないといけない。少し高くても安全な食品がいかに大切か、と。夫婦で四百～五百軒のお客さんに卵を配達するかたわら、山口市内の消費者の勉強会「生活学級」で話をして回った。やがて生協に話が伝わり取引が始まったので販路が広がった。四十歳からのスタートなので、一人何役もこなさないと間に合わない。時間との勝負でした。

――安全な食品のネットワーク化にも力を入れられているようだが

九六年十二月に、全国の安全な農産物の生産業者・団体が集まり、株式会社ぐりーんねっとわーくＪＡＰＡＮを設立した。今では北海道から沖縄まで二十一の企業・団体が参加している。農産品の国際競争力というと、すぐに価格面での競争力を考えがちだが、人の生命に直接かかわるものを作っている以上、やはり安全性が最大の武器だ。だからぐりーんねっとわーくでは、情報公開や生産理念など、九つの参加基準を満たした団体に絞って参加を認めている。

――健康食品ブームで競争が激しい

不況で卵、肉、牛乳の総販売高が戦後初めて減少する中で、確かに生き残るのは楽ではない。だが日本の消費者は、約千七百万人の生協組合員を始めとして、世界で最も食品の安全性に対する関心と情報力がある。本当に安全な食品を見抜く力があり、安全性に関しては自信を持っている。

――力を入れていくのは

チーズ、お菓子など加工品の開発に力を入れる。扱う食材も魚を除いて、すべての分野に広げていきたい。揚げものの惣菜を中心に売る直営店の全国展開を検討しているほか、アジア諸国でも消費者に安全な食品を届けたい。工業化が進むアジア諸国でもすぐに食品の安全性が問題になるはずだ。安全性で差別化する時代にきているコンビニエンスストアとの提携も強化したい。

遊園地事業　万博で飛躍

泉陽興業
社長　山《やま》田《だ》三《さぶ》郎《ろう》
昭和五年生まれ

――国会議員の秘書だったとか

関西学院大学商学部を卒業して、商社に就職が内定していた。だが、戦前に衆議院議員を務め、戦後、公職追放されていた伯父の松田竹千代（故人）が、再び衆院選に出ることになった。親族としても、応援しなければならなくなって、選挙を手伝った。伯父は返り咲きを果たし、僕はそのまま私設秘書として東京で働くことになり、商社マンはあきらめた。

――遊園地事業を始めるきっかけは

伯父は衆院議長や郵政、文部両大臣も務めたが、清貧の人で、秘書の給料も出たり、出なかったりだった。私設秘書になってから五年後、地元に戻って選挙区（旧大阪五区）を守るよう言われた。そうは言っても、食いぶちは、自分で何とかしなければならず、思いついたのが遊園地事業だった。

――どうして

学生時代、阪急百貨店（大阪・梅田）の屋上の遊園地でアルバイトをしたことがあり、子供たちの喜ぶ顔が目に焼きついていた。事業をするなら、子供たちに喜んでもらえる遊園地しかないと決めた。それで高島屋（同・難波）に屋上遊園地を提案したら、実現した。といっても、コインを入れると動く木馬と、穴をのぞき込むと動画が見える遊戯施設を十台ずつ置いただけで、その運営・管理も技師とアルバイトの二人に任せていた。

――本業になるのは

昭和三十五年（一九六〇）ごろ、京都の丸物百貨店（現京都近鉄百貨店）が東京に池袋店（現池袋パルコ）を出した際、その屋上の遊園地を任された。人工衛星やミニモノレールを設けるなど本格的な遊園地だ。そうなると、こわいのは事故。片手間じゃできない。遊戯施設は外注でなく、自社で製造し、僕が陣頭指揮でやらなければならなくなった。それ以来、伯父の手伝いは選挙だけにした。

――資金は？

「衣・食・住」の次は「遊」の時代が来ると訴えたが、金融機関は相手にしてくれない。旧制岸和田中の先輩で泉州銀行頭取だった故佐々木勇蔵さんだけは理解してくれたが、担保が必要だった。実家は地主だが、僕は末っ子。三人の兄姉がいずれ相続する土地すべてを担保に入れることに同意してくれた。失敗すれば無一文になるのに、僕にかけてくれた。

ちょうど、私鉄を中心に沿線に遊園地を整備し始めた時期で、南海のみさき公園や、阪急の宝塚ファミリーランド、近鉄の生駒山上遊園地などが次々にできた。遊戯施設は遊園地側に買い取ってもらうケースもあるが、大半は、社員を派遣して運営から点検まで手掛け、場所代を払うやり方だ。今でもそうだ。

――遊園地業界が、認められるようになったのは、いつごろか大阪万博からやろね。アミューズメント施設「エキスポランド」の企画・運営・管理のリーダーは阪急電鉄とはいえ、その下で我々業界が全面的に手伝った国家プロジェクトだった。僕自身、業界団体の理事長として、業界をまとめた。二千七百万人も訪れ、興行的にも大成功した。

それで、地元の要望もあり、エキスポランドは万博後も残ることになった。万博協会の「もちはもち屋で」との方針で、エキスポランドの企画・建設・運営にかかわった九社の代表が発起人になって新会社エキスポランドを設立、発起人代表の僕が社長を引き受けた。日本の民活第一号と言えるが、今の民

わが社の歩み

遊園地やテーマパークの企画・建設・運営を手掛け、関連会社で遊戯施設も製造する総合レジャーランド事業の大手。大阪市に本社を置く。従業員は二百三十五人。九九年四月期の売上高は前期比一九・四％減の一〇四億二〇〇万円。

山田社長が五八年に設立。百貨店の屋上遊園地の企画・運営から始め、現在、枚方パーク（大阪）、三井グリーンランド（福岡）、日本モンキーパーク（愛知）など国内三十五か所に営業所を持つ。これらは施設の一部を直営する形だが、九九年春、横浜市の市有地に完成した複合レジャー施設、よこはまコスモワールドでは、全施設を整備、運営する。投資総額は約八〇億円。

中国七か所、台湾、韓国各二か所の遊園地建設では、企画から運営まで全面的に協力した。

1958　泉陽興業設立
67　製造部門を泉陽機工として分離
70　大阪万博のエキスポランドに参画
71　エキスポランド設立
85　中国に進出
97　大阪・天保山ハーバービレッジに世界最大の観覧車を稼働
大阪・新世界にフェスティバルゲートがオープン
99　よこはまコスモワールドが全面開業

活と違い、行政からの補助や交付金を一切受けなかった。今もそうだ。

――博覧会は商売になるのか

博覧会は短期間なので、施設利用料だけでは採算が合わない。閉会後、遊戯施設を中古として売って初めてトントンになる。それでも、参画するのは、見本市の要素と企業のイメージアップだ。だから、最新鋭の施設を持ち込んでいる。

観覧車は博覧会のたびに世界最大のものを出展した。その成果が、九七年七月、大阪・天保山ハーバービレッジに登場した高さ百十二・五メートルの世界最大の観覧車だ。九九年春、全面オープンしたよこはまコスモワールドにも、同じ高さの観覧車を稼動させた。世界一の遊戯施設を提供できるのは、金属疲労などのデータの蓄積があるから。高さ五十メートル以上の観覧車だけでも四十基作った。

――遊園地事業は淘汰《とうた》の時代だ

その通り。この事業は天候や季節に左右されやすい。私鉄系の遊園地は本社の補助金でやりくりしているのが大半だ。バブル期を中心に第三セクターによるテーマパークも次々に誕生し、競争は激しいが、我々ならスタッフ五十人で済むところを百人で運営している所もある。ノウハウもなく、一時の流行で飛びついては駄目だ。

――今後の戦略は

九七年七月、わが社が総合プロデュースしてオープンした大阪・新世界の都市型立体遊園地、フェスティバルゲートのように、にぎわいの町作りを進めていきたい。周辺への経済効果が大きいうえ、「安・近・短」のレジャーとして、手軽に楽しめる。もう一つは海外、特に、アジアでの展開だ。平和で経済的にも安定すれば、「遊」の需要は、必ずあるはずだ。

――不況の影響は

近ごろは「安・近・短」のレジャーとして、遊園地がにぎわっていると言われるが、一人当たりの消費単価は確実に落ちている。入園者も二、三年前に比べ、二割程度減っている。いい所でも一割ダウンだ。しかも、レジャーは多様化し、ライバルは同業他社だけではない。売上高は、ならシルクロード博など七つの地方博に参画した八八年に一八〇億円にのぼったが、最近は一〇〇億円前後で推移している。

――対策は

堅実経営しかない。幸い、バブル期に株や不動産にも手を出さなかった。「ゴルフ場やボウリング場を経営しては」との誘いもあったが、すべて断った。多角化と言えば、外食産業ぐらいだが、これは遊園地には飲食店がつき物で、関連事業に過ぎない。これからも愚直に本業の遊園地をやっていくだけだ。

証言 あの時

粘り強い説得力

元全日本遊園施設事業協同組合副理事長
古川謙三さん

業界が万博に参画する際、提供した遊戯施設を国が買い取ってくれるのが前提だった。ところが、国の予算がつくかどうか、はっきりしないまま協力を求められた。動揺する業界を何とかまとめたのは、山田さんの粘り強い説得だった。山田さんは衆院議長も務めた松田竹千代さん（故人）のおいで、その秘書だったこともあって、顔が広かった。存続することになったエキスポランドの運営会社を設立する際、彼が奔走して金融界の出資を引き出した。

回転灯で下請けから脱却

パトライト

社長　佐々木《ささき》宏樹《ひろき》

昭和十七年生まれ

——銀行に勤めていたとか

大学を卒業後、米銀の「バンク・オブ・アメリカ」東京支店に勤めていた。でも、長男でもあり、いつかは家業を継がなくてはと思っていた。二十六歳のときに銀行を辞めて大阪に戻った。

——親孝行ができた

いや、その反対で親とはよく衝突した。会社は、音響機器用モーターを手掛けていたが、実際のところは大手の下請けだった。そのころ、モーターを使った回転灯の自社生産を始めたばかりだったが、僕は回転灯を軸にした新しい事業に転換したいと夢を持っていた。しかし、両親は着実に経営をしていこうとした。

実は会社をつぶしたことがあって、二度と倒産させてはいけないという気持ちが強かったのだろう。親としても文句ばかりいうこんな息子がおっても仕方がない。「出ていけ」と言われ、会社に行かなくなった。

――それで?

これまで蓄えた金を持って、一人でアメリカに渡った。一九七一年三月だった。両親とけんか別れのような形になったが、何かうちの会社で事業化できる商品はないか、探しに行ったのだ。血は水より濃しだ。銀行に勤めていた時にアメリカに三か月ほど出張し、アメリカの電気製品が進んでいると、肌身で感じていたからね。

わが社の歩み

回転灯などの表示灯で七五%の市場占有率(シェア)を占める。パトカー専用の回転灯ではシェアは九五%に達する。工場用の液晶表示器なども製造し、九九年三月期の売上高は七六億三八〇〇万円(前期比一三・七%減)、経常利益は一四億七七〇〇万円(同一六・五%減)。従業員は五百三十人。

佐々木社長の父の寛一氏(現相談役)が早川電機工業(現シャープ)の技術部長から独立して創業。母の敏子さん(現会長)が長年、社長を務めた。

大手家電メーカー向けにスピーカーなどの音響機器用マイクロモーターを製造してきたが、モーターを利用した回転灯を開発したのが発展のきっかけになった。九九年二月からインドネシアで初の海外生産工場が稼働した。

1947 佐々木寛一氏が大阪市にササ電機研究所を設立
55 音響用マイクロモーターを開発
63 株式会社佐々木電機製作所に改組
65 回転灯の製造開始
77 散光式警光灯の製造を開始
85 モーターの受注生産取引を解消
87 佐々木宏樹氏が社長に就任
液晶表示報知機の販売開始
94 三田工場が完成
パトライトに社名を変更

――アメリカでは、どんな暮らしをしていたのか

最初はロサンゼルスのホテルにいたが、持ってきた金が底をついてきた。困った末に新聞広告を出して居候先を探した。そこで住むことになったのが、当時、テレビの売れっ子コメディアンのビバリーヒルズの豪邸だった。仕事は二人の子供を学校に送り迎えするだけで、車を自由に使い、週二〇ドルぐらいの小遣いをもらっていた。その一方で、うちの会社でも作れそうな新製品を船便で工場（大阪府八尾市）に送った。回転灯のほか、家庭用雑貨など百個は越えていた。

――何かいいものが見つかったか

あったよ。今、パトカーの上に載っている散光式の回転灯だ。ロサンゼルスの目抜き通りで、大きなかまぼこ形の回転灯をつけた新型のパトカーを見かけた。当時、パトカーの回転灯は筒形が普通で、「わあ、こんなものがあるのか」とびっくりした。しかもライトが四つで目立ち、真ん中に、スピーカーもついている。商売の種だと、一生懸命に追いかけ、警察署の中庭に入った。止まっているパトカーの写真を撮っていると、警官が来て「何をしている」と尋問してきた。

――不審に思われた

英語の名刺を出して、回転灯のメーカーの人間だと説明して、誤解をといた。それからすぐに回転灯の小売店に注文をして、現物を日本に送った。当時、ロスの警察も目立たない赤と青の点滅灯のようなものをパトカーにつけていただけだった。僕が見つけた回転灯はアメリカでも珍しい新型だった。この出合いの直後、七二年に日本に戻った。

――日本に帰ってどうした

会社の先輩の仲介で、両親と和解して、会社に復職した。パトカーのライトに魅せられて、散光式の試作に取り組んだ。試作品を持って警察庁に行ったが、担当者は、「従来のもので十分」と取り合って

証言 あの時

あらゆることに興味

タバイエスペック会長　小山栄一さん

先代社長の敏子さんからの付き合いだ。敏子さんは厳しい人で、佐々木社長の反発も強かったと思う。しかし、佐々木社長は親への反発だけに終わらず、自分に何ができるか、どんな事業をすればいいのかを探しに単身アメリカに渡った。二代目には少ない、厳しさを持っている。自分にも厳しいが、社員にも厳しい。だが、これからはいい意味での包容力を持ってほしい。また、好奇心の強い人で、いろいろなことに興味を持ち、人の話をよく聞く。これは経営者には絶対必要だ。

くれなかった。それから四年間、消費電力を半分に抑え、軽量化を進めるなど改良を加えた。そのうち、アメリカでこのタイプが普及してきたことが知られるようになった。さらに国内の交通渋滞が激しくなり、緊急車が来たことがすぐにわかる音と光の目立つ回転灯が必要になってきた。

――採用されたのは

七七年だ。最初は事故処理車の四台だった。「集光式」とか二十ぐらい考えた中から警察庁の担当者が選んだ。翌年は八十台に採用された。今では毎年新規に三千台ほどの受注がある。

――散光式が採用されて波及効果はあったか

うちの回転灯の売上高の大半は工場用だ。工場では十の機械を一人がみるようになり、異常を知らせる回転灯が合理化、省力化の道具として使われるようになった。工場の営業では、苛酷な条件で使われているパトカーの回転灯にわが社の製品が使われていることでPR効果は抜群だった。

――回転灯で下請けから脱却できた

経営には慎重な姿勢だった社長（母親）が、八五年に売上高の六割を占めていた大手家電メーカーのモーターの下請け仕事を打ち切った。これには驚いた。母は、「いずれは鉄の塊を売らなあかんようになる」と言っていた。下請けのままでは、工賃なしで鉄の材料代だけで売らなければならない。それぐらい大手からの値下げ圧力は強かった。僕の方が「よらば大樹の陰」と慎重になっていたが、母の経営者としての判断には今でも敬服している。

――これからはどんな企業を目指すのか

工場用の液晶表示装置にも力を入れている。音声合成により警告を出す装置もある。工場での作業の安全を確保していくには、目や耳から入る情報をわかりやすく伝えていく必要がある。働く人にとって作業しやすい環境を整備していく表示機器のナンバーワン企業になりたい。

――不況の影響は

影響はある。利益はそこそこ出るだろうが、売上高は落ち込む可能性がある。回転灯などの需要は全産業が対象になる。これまでは食品がだめなら半導体がいいとか、補完する好調な業種があった。今回の不況のように全産業が悪いというのは増収増益を続けてきたわが社にとって初めての経験だ。

――対策は

まず商品開発をしっかりやることが大切だ。開発部門にも九九年一月から業績、成果を反映した給与制度を導入した。開発した商品が売れなければ意味がない。いかに売れる製品を開発したかをシビアに見るためだ。営業部門の業績給は九八年十月から始めたが、これは意識改革につながる。物価が安くなっており、いかにコストを下げるかも重要な課題だ。国内での生産は縮小する方向だ。

個性ある店舗企画を提案

アスクプランニングセンター

会長兼社長　広《ひろ》崎《さき》　利《とし》洋《ひろ》

昭和二十二年生まれ

――脱サラしたとか

甲南大学経営学部時代からダンスパーティーやスキーツアーを企画したり、アルバイト先のガソリンスタンドでは、ご主人に店を任されたりと、サラリーマン向きじゃなかった。卒業後、日本オリベッティで営業を担当したが、まもなく独立して何か事業をやろうと上司らに呼び掛けていた。入社三年目の一九七三年には、営業の精鋭ぞろいだった特別チームの上司三人と家具輸入会社を設立した。

たまたま、やりかけたプロジェクトがあり、これが片づく六か月後に加わるつもりだった。その間、新会社の経営会議には参加したが、上司三人はいつも同じ意見。私は、仲良しクラブにならないよう反対意見をよく言ったが、「仲良くやろうや」という感じだった。これじゃ、ベンチャービジネスはできない。結局、新会社に参加せず、今の会社を作った。

――なぜ、店舗のプロデュースだったのか

もともと、付加価値の高いインテリアデザインの会社をやるつもりでいた。輸入家具会社も関連事業の一つだった。たまたま、最初のお客さんに神戸でパブをデザインしてほしいと頼まれ、そのパブがはやったので、あちこちから店舗の企画依頼が殺到した。

――スタッフは？

オリベッティの同僚と学生時代の友人ら七人で、平均年齢は二十三歳。うち二人がデザイナーと言っても専門学校を出たばかりで実績はない。私自身、実家がニチイ（現マイカル）と合併した小規模スーパー（兵庫県西宮市）だったが、「店はこんなもの」と感覚的にわかる程度で、要するに素人集団だった。

しかし、最初のお客さんがこだわりのある人だったので、お客さんの考えを、どうドローイング（表現）するかに徹した。今も、それが基本だ。企画以外の設計・施工は、すべてアウトソーシング（外部委託）して半年かけて必死で仕上げた。これでプロになった、と自分に言い聞かせた。実際、建築学を勉強した大卒者が何年もかかって身につくようなことが、この仕事一つでわかった。

――発展の契機は

創業して二年後に東京に事務所を構えた。地方の専門店を企画しながら、いい商品をそろえる東京の仕入れ先を覚えた。その一つが当時、デザイナーの個性を強く打ち出して登場し始めたDC（デザイナーズ・アンド・キャラクター）ブランドのアパレルメーカーだった。各メーカーに対し、欧米のように自分たちの店を持って売るべきだと提案した。さらに、メーカーがばらばらに売るのではなく、一緒にやれば相乗効果があるとも訴えた。

その結果、手掛けたのが、七七年に横浜ダイヤモンド地下街にDCブランド六店を集めた「ファッションアベニュー・エル」だ。DCブランドはその後、一兆円産業になった。

――大型店の分野にも進出した

駐車場もなく、じり貧だった都心のスーパーを都市型のファッションビルに変えた。その最初が、八二年にニチイ天神店（福岡市）をDCブランドなどの専門店の集合施設にリニューアルした「ビブレ」だ。当時ニチイの副社長が親類、常務が父で、やりにくかったが、その後、京都、横浜、神戸、東京のビブレも手掛け、ニチイが生活百貨店に転換していくベースを作ったと自負している。

――最大の危機は

わが社の歩み

商業施設などの企画、設計から施工、管理まで手掛ける。本社は大阪市。従業員は百七十四人。九八年十二月期の売上高は前期比三二・五％減の五一億二九〇〇万円。

広崎社長が七三年に兵庫県芦屋市で創業したのが始まり。社名の「アスク」は「世に問う」の意。特に、ソフトを重視し、七七年に横浜ダイヤモンド地下街にDCブランドの集合施設の草分け「ファッションアベニュー・エル」をプロデュースした。その後も、量販店のマイカル、ジャスコにそれぞれ「ビブレ」「フォーラス」といった新たな業態を提案した。

商業施設だけでなく、オフィス、住居、余暇空間にもいち早く進出。「総合環境ビジネス」を掲げ、街作りの企画にも取り組んでいる。

1973	兵庫県芦屋市で創業
74	株式会社に改組
77	ファッションアベニュー・エル（横浜）をプロデュース
82	ニチイ天神店（福岡）をファッションビル「ビブレ」に再生
84	ジャスコ仙台店をファッションビル「フォーラス」に再生
87	米国に現地法人を設立
88	株式を店頭に公開
93	中国に合弁会社を設立

ニチイに続いて、ジャスコの仙台店も専門店の集合施設「フォーラス」に業態変換させ、まさに順風満帆だった八五年。常務ら幹部三人が次々と辞めた。私は、「経営資源は人」という考え方。幹部三人は成功して有頂天になっていたので、よく叱責した。その一方で、経営強化のため、社外の人を専務として迎えた。彼らにしてみれば、不満がたまっていたのかもしれない。

そこで、不満を抱えて仕事しても仕方がないので、彼らの直属の部下に会社に残るかどうかの判断を求めたら、十五人前後が辞めていった。残ったのは、若手ばかり五十人余り。その時、三年後に株式を公開すると宣言した。翌年、売上高は四二億円から二五億円に落ちたが、三年後に四七億円まで伸ばし、店頭公開を果たした。

――ベンチャー企業の支援にも熱心だ

言わば、エンゼル（個人投資家）だが、失敗だらけでね。調剤薬局チェーンの会社は、薬価差益がなくなり、困っている。コンクリートの劣化防止の工法を開発した会社は九八年に倒産した。米国のように、ベンチャーは考える人と実行する人がペアでやるべきで、思いだけでは成功しない。それがわからず、「面白い」と支援してしまった。

しかし、ベンチャー企業の駆け込み寺となり、経験を積んだ。それが日商岩井の目に留まり、九八年春、ベンチャー企業の株式公開を支援する会社を共同出資で設立した。従来の支援会社のような事務処理でなく、魂を教えていく。

――今後の戦略は

わが社はソフトからハードまで一貫して請け負っているのが強みだが、今までアウトソーシングしていた内装材など材料の研究にも取り組み、内製化を一層進めたい。我々にしかできないものを作るためだ。

――不況の影響は

大きなプロジェクトのあるなしで、変動が大きい

証言　あの時

他人任せにせず

アーバンライフ相談役　広瀬吉彦さん

広崎さんらが起こした最初の輸入家具会社に出資した。家具はマンション販売の関連事業と判断したからだ。広崎さんは経営方針の違いでいち早く抜けたが、当時の設立メンバーと今も仲良くやっている。感情的なしこりを残していないのがいい。印象に残っているのは、彼の結婚式だ。おしゃれな彼が、一時間も遅れてドロドロの作業服姿で現れた。オープン間近の再開発ビルで水漏れ事故があったためだった。仕事を他人任せにせず、いつも全力投球の彼らしい一面を見た。

業種だが、商業施設は景気が良ければ、出店を活発化させ、景気が悪ければ、既存店を見直す。どちらにしろ、仕事はある。今、売上高が激減している百貨店、スーパーなど流通業界から相談が相次いでいる。我々は、死にかけている店を再生する仕事の方が得意だし、新店をプロデュースするより、衣替えの方が利益率は高い。

――どんな提案をしていくのか

端的に言えば、今の百貨店は業態そのものを変えなければならないし、さらに、社員も大幅に入れ替えるぐらいでないと駄目だ。今まで以上に、非常識を常識に変えるような企画を打ち出していく。

充てん機で世界に飛躍

四国化工機

会長 植田《うえだ》道雄《みちお》

昭和六年生まれ

――事業のきっかけは

大学を出た後、タンクなどの酪農機械を作っていた父と兄の会社に入ったが、自分を試したいという気持ちが強かった。この会社が他社の資本を入れることになったのを機に、三十歳で独立した。

――順調でしたか

初めは地元企業の下請けで、タンクを製造した。仕事を増やすには大阪だと考え、大阪市内に六畳ほどの事務所を借りて営業した。OEM（相手先ブランドによる生産）を継続的に受注する努力もした。そんな中でも、どうしても機械に自社ブランドを張りたいという夢があった。そのためには独自の技術を確立しなければならない。乳酸菌飲料や日本酒メーカー向けに、タンクの中で自動的に連続培養させる技術を開発し、創業約二年で、初めて自社ブランドを張ることができた。

――次は何を目指したのですか

産業の自動化や省力化が叫ばれていた一九六六年、乳酸菌飲料会社のヤクルトが、容器を瓶からプラスチックへ代えるため、自動機械の開発コンペを実施した。機械の実績はまったくなかったが、ぜひ挑戦したかった。問題は技術者だ。大阪で人集めをしようと小さな工場を買い、その上屋に実力以上の設計室を作り、大企業から技術者四人を引き抜いた。うちにはタンクの製造工場しかなかったから、製作は徳島の機械メーカーに委託した。そうして大手企業

わが社の歩み

紙やプラスチックの容器に、牛乳、ジュース、ヨーグルトなどの液体食品を充てん、包装する自動機械の国内トップメーカー。乳業向けステンレス製タンクなどの装置メーカーとして創業した。現在、三角屋根形の紙容器用の充てん機では、国内市場の七割を占める。「さとの雪」のブランドで豆腐の製造、販売も手掛けている。

九九年三月期の売上高は二四〇億円（前期比七・〇％増）、経常利益は四億円（同二・〇％増）。二〇〇〇年三月期の売上高は前期比二・一％増の二四五億円、経常利益は同一二・五％増の四億五〇〇〇万円を見込む。九五年、上海で現地法人を設立、九七年には欧州と台湾で、九八年には米国で駐在員事務所を開設するなど海外への積極展開を進めている。

1961	徳島県北島町で植田氏が創業
67	インプラント（工場内）プラスチック充てん包装ライン完成
73	食品部を設置し、豆腐の製造開始 カップスナック充てん機完成
77	紙容器成型液体食品充てん機完成
81	十条製紙（現日本製紙）、エロパック社（本社・ノルウェー）と販売提携
96	植田氏が会長に就任
98	上海工場稼動 米国に事務所を開設

二社とのコンペに勝てた。

――どんな機械だったのですか

ラインの中で容器に印刷し、タンクで製造した飲料を充てんして、ふたをする。特許の固まりだ。それ以来、自動充てん機メーカーになる意志を固め、七一年に機械工場の建設に着手した。一方で、プラスチックの容器も自社で作ろうと欲を出し、そのシステムを持つドイツの会社と七〇〇〇万円で技術提携を結んだ。六億円を投じた工場を含め、当時の年商の三割近い大投資だったが、これは無謀だった。

――どうしてですか

まず、タンク作りと機械作りはまったく違う。それに、工場という大きな器を作るからには仕事を持続させなければならない。実は、次は牛乳だと目はつけていた。当時、牛乳は二百ミリリットルのガラス瓶が一日六千万本流通するすごい市場だったからだ。

ところが七〇年ごろから、東京でプラスチック公害が問題になった。プラスチックのゴミは、自治体の焼却炉を傷めると言われ、プラスチック容器で牛乳を販売することを規制する厚生省の省令ができた。ちょうど新工場が完成したころだ。おまけに、当初は合理化企業指定を国から受けて、建設費の三分の一を低利で借りられたのに、一転して、公害発生関連企業になってしまい、残り三分の二は貸せないと言われた。

――ショックだったでしょう

首をつろうと思った。牛乳に大きな夢を持っていたから。最初は紙とプラスチックの両方を開発しようとも考えたが、紙は成型が難しい。欧米では紙容器が成功したが、日本人の性格では、中が見えないのは不衛生だと感じると思った。実績のあるプラスチックならコストも安いし、中が見える。廃棄物公害なんて思いもよらなかった。

――どう乗り切りましたか

ヤクルトが海外で相次いで工場を建設したことに

証言 あの時

連日徹夜で約束守る

ヤクルト本社社長　堀　澄也さん

わが社製品の容器を瓶からプラスチックへ転換したのが一九六七年。この時、容器を並べて印刷し、飲料を入れ、ふたをする一連の充てんシステムの開発を依頼した。軽量で不安定な容器を高速で運ぶことや、稼働能力の異なる機械を連動させる難しさがあったうえ、最初は無理ではないかと思うほどのスケジュールだったが、植田さんは連日徹夜の作業で陣頭指揮を執り、約束を果たされた。本当に頭の下がる思いがした。約束事や義理を必ず守る人情の厚い人だ。

伴い、機械を輸出し、食いつないだ。さらに日清食品から、カップめんを製造する機械ができないかと話をもらい、開発に成功した。他の食品会社にも販売することで持ち直した。

――その後は

機械工場の建設で、会社がつぶれるかと思うくらい苦労したので、継続して売れる商品をなんとか自分の機械で作りたいと考えた。そこで牛乳メーカー向けに販売するはずだった機械で、豆腐を作ることにした。全国販売はヤクルトにお願いすることになった。三十日もつ豆腐を一日三百万丁作ろうと燃え、テスト販売までこぎつけたが、豆腐業者の大反対で、中小事業者を保護する「中小企業の事業活動の機会確保のための分野調整法」ができるきっかけになってしまった。その結果、中小企業である豆腐業者を圧迫するとして、大企業のヤクルトが参入できなくなった。

やむを得ず、大阪に五つ、冷蔵庫兼営業所を持ち、七三年に自ら豆腐の販売を始めた。分野調整法ができるなんて思いもよらなかった。前を走り過ぎるのか、おっちょこちょいなんですね、私。その豆腐事業も十年間の赤字の後、収益が出るようになった。

――紙容器は断念したのですか

工場を維持するには世界に通用する技術が必要だ。私がプラスチックで七一年に失敗してから、わずか二～三年で、アメリカの会社が紙容器用機械の日本市場の半数以上を席巻していた。そこに挑戦することにした。悪戦苦闘して七七年に完成した一号機はアメリカのとは雲泥の差があった。最初は故障ばかりしてね。でも、執念を燃やし続けた結果、八一年には大手製紙会社と販売代理店の契約を結ぶほどになった。ここまで来たのは、あの時の挑戦があったからだ。

――景気が悪いですが

設備メーカーにとっては大打撃だ。だが、こういう時こそ合理化のための工場の集約化などが必要になる。世界基準に合わせた品質管理など、時代に対応する設備に対する開発要求もあり、量こそ減ったが、大手企業の仕事はある。ただ、中小企業は苦しく、国内は非常に厳しい状況だ。

――どう対応しますか

日本と同じ市場を欧米に作るという考え方で、グローバル化を徹底的に進める。これまで進めてきた無菌包装など技術開発への投資や、早くから海外に進出したことの効果が出ている。特に今はヨーロッパや中南米がよく、工場は一〇〇％を超える稼働率だ。日本だけだったら、いくら合理化投資の追い風があっても追いつかなかっただろう。専門的な仕事しかない代わり、究極の技術とコストは世界一にするのが目標だ。

商品身に着け売り歩く

ユニ・チャーム

社長　高《たか》原《はら》慶《けい》一《いち》朗《ろう》

昭和六年生まれ

――創業前はサラリーマンだったとか

出身地の愛媛県川之江市にある城山製紙という会社に勤め、最後は常務になった。ここで製造・配送・販売というモノの流れや仕組みを学び、人の二倍、三倍働くことを自分に課して起業家魂を醸成することに努めた。

――独立のきっかけは何か

学生時代から「独立して経営者になるんだ」という志があった。中学時代だったと思うが、両手両足を失った傷痍軍人が、口にひもをくわえて自動車を引っ張っているのを見た。子供心にも「為せば成る」ことを実感し、ずっと自分の限界に挑戦する気概は持ってきたつもりだ。それが二十九歳で独立して、建材事業を始めることにもつながっている。

――最初に生理用品市場を狙った理由は

周りの女友達も不便だ、と言うから……。この不便さや不快さを「自分たちの会社で解消できないか」という思いだった。一九六二年にアメリカの中小企業の新製品開発事情を視察したのだが、日本では薬局の奥の方に隠れていた生理用品が、スーパーに山積みになっていた。これには驚いた。この時の経験で、生理用品を扱ってみようという意を強くした。人生の転機となった。

――販路の開拓に苦労したのでは

実は「高原恵司」という名刺を作り、営業部長の肩書きで売り歩いた。「恵みを司る男になりたい」ということで、まあ愛称のようなものかな。高原慶一朗という社長の名刺よりも、年相応でいいと考えたんだ。当時、主人公が一人二役で活躍するという内容の映画を見て思いついた。

売り込み方は、まず商品に興味を持ってもらうこと。「漏れない」「ずれない」という商品の特長は、使ってもらいさえすればわかる。女性のものを男が売るのは、新鮮なことだった。若い男の私が、実際に商品を身に着けて売り歩いたんだが、滑稽《こっけい》なところがあったと思う。でも、その意欲や熱意が渾然となって私の体から発散されていたのではないか。社内に生理用品を扱うことへの反対もあったが、私はやがて女性の時代が来ると見通していた。

――おむつにも挑戦したが、勝算はあったのか

赤ちゃん用紙おむつでは、当時、〝世界の巨人〟P＆Gが日本でも九〇％のシェア（市場占有率）を誇っており、新規参入はみんなに反対された。しかし、時代は変化するし技術も変わる。まだ消費者に不満があるとも聞いていた。みんなが反対することでもそれなりの可能性があれば挑戦していい。いかにお客さまへ具体的なサービスの改善、改革を示していくかが、真のメーカーの使命だ。

――パンツ型おむつも大ヒットした

紙おむつに対する潜在的な不満を解消するため、

研究開発など現場の合作で商品化したのが、はかせるおむつ「ムーニーマン」だ。これら十を超える分野でシェアトップとなっている。今後、国内は高齢化社会を見据えた商品に力を入れ、既存品はアジアでナンバーワンを目指す。やがて必ず高齢化社会が到来する。その分野でユニ・チャームが先行するんだ、という熱い思いがある。こういう熱い思いが「三冠王」と言っている赤ちゃん用紙おむつ、女性生理用品、大人用紙おむつの三つの分野でトップシェアを獲得している原動力になっている。

——人材確保は

客観的な売り上げの数字などは、経営者でなくと

わが社の歩み

赤ちゃん用紙おむつ、生理用ナプキン、大人用紙おむつのトップメーカー。東京都港区に本社を置く。九九年三月期の売上高は前期比一・五%増の一七四一億円、経常利益は同二一・三%増の一七五億円で、十一期連続で増収増益を果たした。

高原社長が六一年に愛媛県川之江市で建材事業の大成化工を設立したのが始まり。七一年に生理用ナプキン「チャーム」で業界首位となり、販売会社を統合して社名変更した。生理用品ブランドは「ソフィ」に統一された。「ムーニー」で紙おむつ業界に参入し、世界初のパンツ型おむつが大ヒットしている。

「東アジア四兆円市場」への挑戦を掲げ、国際企業として二〇〇五年に株主資本利益率（ROE）一五%の達成を目指す。

1961	高原社長、大成化工を設立
63	生理用ナプキン市場へ参入
74	「ユニ・チャーム」発足
76	東証二部に株式上場
81	「ムーニー」で紙おむつ市場へ
85	東証一部に昇格
87	大人用紙おむつ発売
92	パンツ型の「ムーニーマン」発売
98	高原社長、ニュービジネス協議会の会長に就任
99	高原社長、産業競争力会議委員に

も、必ず見てくれる人がいるものだ。創業当時は、自分より先輩の方々に懇請し、自分の夢や志を語って人材を集めた。新しい事業に取り組む時も同じだった。新しい事業や将来展望に対し、担い手となる人材を見つけ出す手間を、経営者は省いてはならない。

企業は志を持つ社員に対して青天井でないといけない。今は当社に一人だけだが、もう二、三年のうちに三十歳代の経営陣がかなり出てくる。

――増収増益を続けている秘けつは

人間の心には、甘え、うぬぼれ、おごり、マンネリという四つの病気がある。小成に安んずるとマンネリになり、うまくいくと自信過剰になりがちだ。この四つの病を抱えた時、人間は停滞する。企業の増収増益を一勝、減収減益を一敗とすれば、創業以来の成績は三六勝二敗だ。この二敗の時を振り返ると、確かに甘えがあったように思う。リーダーは自己否定力をいかに持つかが大切だ。脱皮しないヘビは死ぬ。

――次代の起業家をどう育成するべきか

九八年五月から会長になったニュービジネス協議会は全国で約三千五百社が加盟している。これまでの工業化社会から情報化社会に変わる中で、新しい技術や産業が生まれてくる。互いに日々の成長を認め合う社会作りに寄与したい。

年配の人間として、勇気を持って若い人を激励する義務がある。起業家を志す人には「執念を禁止する法律や規制なんてない」、「初年度から黒字を考えるべきだ」という二点を、常々話している。何よりも肝心なのは、世の中のために役立とうという、熱い気持ちを持っているかどうかだ。

――不況で多くの企業業績が低迷している

厳しい現状でも上場企業約二千社のうち三割は増収増益を果たしている。どこも環境は同じであり、不振の原因を他人のせいにすべきではない。縮む市場があれば、伸びる市場もある。不況というのは、その平均値の伸びの鈍化であり、成長市場はまだま

証言 あの時

謙虚な気持ち失わず

ボストン・コンサルティング・グループ
社長　堀　紘一さん

経営者かくあるべし、を実践されており、本当に頭の下がる立派な経営者だ。常に「ユニ・チャームならでは」の差別化を考え、部下や社外の人からも「教わろう」という前向きで謙虚な気持ちを失わない。若い人の力を引っぱり出す能力はピカイチだろう。仕事柄、大企業の社長には何百人も知己を得たが、「社長かくあるべし」の典型として強力に推薦できる人だ。個人的にも温かみのある好人物。青年のような志と若さを持ち続けている。

だ存在する。来るべき高齢化社会と少子化社会という環境変化にきちんと取り組むことが大切だ。確かに、土地や金融については、五十～六十年周期でバブルが生まれ、はじけるのが歴史的必然のようだ。そのことを理解した上で、なお原因は自分にあると考えるべきだ。

――まったく新しい事業分野への進出は

それは考えていない。アジアでも「赤ちゃんからお年寄りまで」を基本としてナンバーワンになる。それで十分、一兆円企業に育っていけると思っている。

技術力で納豆を第三の柱に

旭松食品

社長 木《きの》下《した》晃《あき》一《かず》

昭和八年生まれ

――即席みそ汁は、新規開拓事業の一つだったとか

うちはもともと凍り豆腐のトップメーカーだったが、日本人の食生活が変化してきた。むかし、関西では湯戻しなどで手間のかかる高野豆腐がうまく炊けるようになったら「一人前の嫁」と言われたが、今では多くの加工食品が簡単に買える。そこで新たな経営の柱として、八一年に即席みそ汁事業を始めた。永谷園と味の素という二大企業が大きなシェアを握っていたが、当社はみそを生のまま小分けして詰める〝生タイプ〟を販売した。これが受けて、新事業も軌道に乗った。

当時は液状のものを即席化する技術がなく、袋の中でみそが発酵して袋の中でパンパンに膨れてしまう失敗もあった。これはアルコールを少量使い、加熱して発酵を抑えることで解決できた。

――納豆も新事業だった

次に三つ目の柱を育てようということになった。うちは大豆の加工技術が強みだ。ドライ（乾燥食品）の次はチルド（低温食品）に挑戦しようと考えた。

そこで行き着いたのが納豆だった。納豆菌というのは、地域ごとに異なり、実は何千種類もある。一方、納豆業者は家内工業的な小規模メーカーが全国に散らばっていて、品質分析ができていなかった。だから、出荷した後に二次発酵したり、雑菌が繁殖したりして、においが悪くなったり、ジャリジャリとし

わが社の歩み

凍り豆腐など大豆加工品を得意とする食品メーカー。従業員は約五百九十人。九九年三月期の売上高は二〇四億円（二〇〇〇年三月期予想は二一三億円）、経常利益は七億円（同七億円）。

木下晃一社長の父、章雄氏ら長野県飯田市の凍り豆腐業者や、関西の問屋が共同出資して設立した。

四代目社長の晃一氏は、専務時代から手掛けた納豆事業を凍り豆腐、即席みそ汁に次ぐ三本目の柱として育て、同社を全国的な企業に脱皮させた功労者。

部門別の売上高は納豆が四〇%、即席みそ汁などの加工食品が三二%、凍り豆腐が二四%。約四百社がひしめく納豆メーカー中では約一〇%の売り上げを占め、五番目となっている。

1950	長野県飯田市に旭松凍豆腐を設立
51	凍り豆腐の製造を始める
78	食品研究所完成
81	即席みそ汁「生みそずい」を発売
83	旭松食品に社名変更
84	納豆の製造・販売を始める
88	晃一氏、専務から社長に就任
90	本社機能を飯田市から大阪市に移す
92	大証二部市場に上場
	関東地区で納豆販売を開始

た嫌な食感になってしまう弱点があった。

——どうやって解決できたのか

うちは食品研究所があり、納豆菌に強い人材が入社したことも武器になった。全国から千七百もの稲わらを集めて調べた結果、二十度以下では品質が変わらない菌を探し当てた。

——納豆を食べる習慣が少ない関西でまず本格的に売り始めたが

凍り豆腐の主な消費地は関西で、うちの販売網も関西中心だったからだ。本社機能を大阪に移したのも（上場しやすい）大阪証券取引所に上場するためだ。納豆を大阪で売り出した当初は、問屋さんに「甘納豆を売るんですか」なんて聞かれたものだ。しかし、そのうちに健康食品として納豆が脚光を浴び、ブームの追い風も吹いた。自社開発の納豆菌を使って、〝においひかえめマイルド納豆〟というキャッチフレーズで「なっとういち」の名をつけて売ったら、関西ではトップブランドに成長した。

——次はいよいよ主戦場関東への進出ですね

ええ、市場規模が断然大きいからね。九二年ごろだった。「食に厳しい関西でヒットしたのだから」と、自信を持って出ていったのだが、受け入れられなかった。納豆の本場である関東の人は「においが少なくてもの足りない」と感じたのだ。タレも甘いという。やはり地域ごとの食文化の違いは大きいというのを実感した。

——それで

健康志向に目をつけて、麦や鉄分、カルシウムなどを強化した納豆を開発した。ニッチ（すき間）を狙おう、という作戦だ。でも、これもうまくいかなかった。

——撤退は考えなかったのか

社内では撤退問題で、大論争になった。「関西のトップメーカーでいいじゃないか」という意見はあった。でも私は、社外モニターの調査結果などから、消費者が必ずしも従来の納豆に満足していないと感

証言 あの時

社内をうまくまとめる

全国納豆協同組合連合会会長　高星進一さん

旭松さんは、高野豆腐作りで培った高い大豆加工技術を持っていたことに加え、木下さんが社内をうまくまとめている。木下さんは対外的には腰の低い温和な人柄だが、内には秘めたものがあるのだと思う。社内に生じた強い一体感が、納豆事業で後発参入組のハンデを破る原動力となった。競争が激化する納豆業界で勝ち抜くカギはやはり技術力だ。その意味で、氷温熟成など独自の技術で業績を伸ばした旭松が業界に与えたインパクトは大きい。

じていた。本当においしい、いいものを作れば必ず受け入れられる。そこでもう一度原点に戻って、お客さんの立場に立って、おいしさや使い勝手の追求から始めようと指示した。

技術陣が鳥取県の食品加工研究所が開発した氷温熟成技術を納豆に応用することを思いついた。通常の納豆は、発酵させた後、五度で一日熟成させる。ところが氷点下一度から零度の氷温状態で三日間熟成させると、出荷の段階ですでに食べごろとなり、その状態が長く続く。アミノ酸も二倍に増え、うまみや甘みが増した。この〝完熟商品〟に「なっとういち」というブランド名をつけて売り出した。

――ほかにも工夫が

三個パックで売られる容器の一つ一つに賞味期限を刻印した。これまでは、お客さんが家で包装をはがして冷蔵庫で保管した時、個々の容器に賞味期限がついていないため、いつまで食べられるかわからなくなってしまう欠点があった。これが解消できた。

容器の構造も工夫して、酸素を遮断したことで、おいしい状態が長続きするようになった。こうした工夫がお客さんに評価され、関東のスーパーマーケットでも置いてもらえるようになった。

――大手が出ている分野で、後発が成功するカギは

技術力で秀でて、オンリーワン企業になることだ。うちは小さくても、大豆の加工技術ではどこにも負けないという自負がある。それに、お客さんの声に耳を傾ければ、いくらでも改善の余地はあるものだ。納豆などの味の改善は今も続けている。

――社長として心掛けていることは

社員の自主性を尊重し、ものが言いやすい環境にしようということだ。これはわが社の経営理念「品質第一」「参画経営」「自主挑戦」にもつながる。

――不況下でも伸びてきた納豆の消費拡大は続くか

健康は消費者にとって永遠のテーマだ。納豆を食べる習慣の少なかった地域での消費が伸びるため、もうしばらく市場全体も成長するだろう。しかし、今後は業界内でのパイの奪い合いが激化する。結局、いいものを作る企業が生き残る。そのためにお客さま相談室などに届いた苦情や意見は必ず目を通し、改善するようにしている。

――新しい事業の展開を考えているか

安全、安心がこれからのキーワードだ。食品産業も、世の中の流れに応じて、素材型から加工型へのシフトが必要だ。九八年から、健康に良い食材を使った加工食品を病院や在宅医療者に販売する事業を始めた。骨粗鬆症に有効なビタミンKを納豆から取り出した薬品の開発も進めている。納豆に次ぐ第四の柱を早く確立したい。

売上高より固定客作り

ジャパン

会長 桐《きり》間《ま》幹《かん》二《じ》
昭和十五年生まれ

――ディスカウント業界に参入したきっかけは

金物屋の二男坊でね。二十一歳で独立して家具用ガラスなどの加工会社を起こした。やがて売上高で約一億円を超え、日本でも最大規模のガラス加工会社になった。しかし、第二次オイルショックの時、取引先の家具屋がバタバタとつぶれた。来る日も来る日も、飛び込んでくるのは不渡り手形ばかりだ。一年間かかって借金は返したが、「二度と手形商売はやらない」と決心した。

そこで現金決済のこの事業を始めることにした。子供のころから小売業には親しんでいた。ちょうど四十歳の時、八〇年に個人商店で立ち上げ、二年後には正式に会社組織としてスタートした。いつの日か、日本最大のディスカウントストアにしてやろうと「ジャパン」という名前をつけた。お客さんも呼びやすいだろうと思ったしね。

――品質の良いものを安くという発想は

当時はディスカウントストアもまだ少なかった。倒産したメーカーの横流れ品を安くたたき売るというのが主流だった。うちはガラス加工工場の跡地（兵庫県伊丹市）に一号店を出したんだが、交通の不便なところで車じゃないと絶対に来れない。お客さんに喜んで足を運んでもらうには品質と価格の二本立てで勝負するしかないと考えた。駅前の一等地に出店していたら、こんな発想はなかったかもしれないな。

――その後は

郊外型店舗のノウハウが確立できたもので、伊丹を中心に半径百キロ以内と範囲を定め、高速道路インター付近や主要国道沿いに店を増やしていった。八〇年代後半には、一日当たり一〇〇〇万円の売り上げを記録した店もあった。普通のディスカウントストアだったら、二〇〇万円も売れれば万々歳だ。店内面積五百平方メートルの小さな店だから、店内は込み合い、商品の取り合いでお客さん同士がけんかを始めることもあった。

――当時はバブルの絶頂期だった

でもね、これじゃあかんと気がついた。レジの長い列を見て、そのまま持ち帰ったお客さんもいたのだろうが、大量の万引きが発生した。九〇年八月期決算では、万引きなどによる販売ロスは三億七〇〇〇万円と、約一五〇億円の売上高の二・五％に達した。利益が丸ごと吹っ飛んでしまったわけだ。

――それで

九一年十一月に経営方針を転換した。とにかく客数を減らして、その分、お客さまへのサービスを徹底することにした。売り上げ至上主義を捨てて、お客さま第一主義に徹したわけだ。年間の来店者数は三分の一になったが、バブル経済崩壊後の反動の影響もほとんどなかった。あの時、方向転換していなかったら、今のジャパンはなかった。奇跡に近いひらめきだったと思うが、正解だった。

――どうやって利益を上げていったのか

徹底したローコスト経営に取り組んだ。最終利益を売上高の三％以内に抑えるという目標を設定し、それ以上の利益が出てもお客さまと社員に還元すると宣言した。まずは宣伝広告費を三分の一に絞った。アルバイトの見直しなどで人件費も約四〇％はカットした。

――業界に先駆けた取り組みも多いとか

売れ筋商品を把握するため、全店にＰＯＳ（販売時点情報管理）システムを導入した。前夜の午後十

わが社の歩み

兵庫県南部を地盤に大阪府内や関東北部で郊外型の総合ディスカウントストアを展開。本社は兵庫県伊丹市。業界では中堅クラスだが、ここ数年は、売上高、経常利益とも、毎年平均二ケタの伸び率で拡大している。九九年八月期は売上高四五〇億円九〇〇〇万円。

店舗数は関西五十八、関東十六の計七十四店舗（九九年十月現在）。高速道路インター付近や主要国道沿いに出店しており、一店舗当たりの標準面積は五百平方メートルで、扱う商品は約一万五千種類。年中無休で、午前八時から午後十時半まで営業している。

低価格のオリジナルブランド商品や、海外有名ブランドのＯＥＭ（相手先ブランドによる生産）の直輸入品が好評。大阪府東大阪市などにメーカーや卸業者から一括して商品を仕入れる物流センターを持つ。

1982	株式会社桐間本店を設立 幹二氏が会長、長男の精一氏が社長に就任 兵庫県伊丹市に1号店
87	ジャパンに商号変更
88	売上高100億円を突破
90	売上高150億円を突破
93	兵庫県柏原町に物流センター設置
94	売上高200億円を突破
95	店舗数25店を超える
96	大証二部上場
99	売上高450億円を突破

時半の営業終了時の販売実績が、翌日の午前五時半にはわかるようにした。この情報を生かすため、関西に三か所、関東に一か所と物流基地を整えた。商品を一括して仕入れ、各店舗に配送する自前の物流システムを確立することで、物流コストが大幅に低減できるようになった。

低価格の直輸入品でもパイオニアといえる。私は年間の四分の一は海外を回り、品質が良くて日本の商品より価格が安いものを買いつけている。海外の有名ブランドのOEM工場に委託し、品質は同じだが、色柄やデザインをジャパンの独自のものに変えたオリジナル商品も輸入している。

――店頭に置いているマスコット人形は

八八年から始めたイメージ戦略だ。モデルになっているのは私だ。キャラクター使用料がかからないからね。九八年に呼び名を「能書き親父《おやじ》」から「さわやか親父」に変えた。「能書きは申しません。来ていただければわかります」という狙いだったのを、不況を吹き飛ばす明るいイメージにした。

――これからの目標は

九七年から営業開始時間を二時間早め、午前八時からにした。規模の大きなコンビニエンスストアのような機能を考えている。新聞折り込みが入っていなくても、消費者は近所のコンビニには行く。固定客を作らなければ生き残れない。

二〇〇三年には二〇〇店舗になる予定だ。このペースでいけば達成できる。ただ、夢は関西三〇〇、関東九〇〇の一二〇〇店舗体制の実現を掲げている。酒類のディスカウントストアは現在苦境にあり、ドラッグストアも二年後には淘汰《とうた》が始まるだろう。こうした関連業種との業務提携を模索しながら、大企業との資本提携を軸に一つのジャパングループを構築したい。

――消費低迷の影響は

九六年から、お客さん一人当たりの購入金額（客単価）が毎年、約五％ずつ落ちている。ただ、来店

証言 あの時

変わらぬ「お客様第一」

資生堂化粧品販売の取締役神戸支社長
宇野智之さん

もう十年以上の付き合いだが、休日にはゴルフをやることも多い。取引先の担当者や責任者の人間性を知るにはゴルフがもっともよいというのが持論だそうだ。ただし、二人の時もそうだが、相手がだれであろうとも、料金は割り勘と決めていると聞く。いわゆる接待ゴルフとは無縁の人だ。昔は酒をかなり飲んでいたらしいが、今ではワインの買いつけの際に試飲する程度とか。今も昔も変わらないのが「お客様が第一」という口癖ですかね。

者数が平均約八％で伸びており、客単価の下落を補っている。九八年八月期の売上高は前年同期比二七％増の三五一億円、経常利益も同三五％増の九億円で、九九年八月期も増収増益を達成した。

——商品の品質がよく、安ければ売れる？

だが、商品によっては安ければ売れるわけでもない。うちで九九九円で売っているシルク一〇〇％の直輸入のネクタイは、小売価格一万五〇〇〇円のイタリアの有名ブランドものと品質は変わらない。原価は二ドルで五〇〇円で売っても利益は出るが、それでは売れない。消費者はブランドに弱いというか、安いものは品質が悪いという思い込みがある。価格設定には非常に気を使う。

均質な釣り針を量産

がまかつ

社長　藤《ふじ》井《い》繁《しげ》克《かつ》

大正十五年生まれ

――釣り具作りを始めるきっかけは

故郷の播州地方は昔から、虫に見せかけた川釣り用の毛針の産地だった。実家は地主だったが、父は副業で毛針を作っていた。私も十二歳で毛針作りを覚えて手伝い、十五歳で人に教えるまでになった。戦時中飛行機工場に徴用され、エンジンの仕上げもやった。手先が器用でね。

父は私が四歳の時に亡くなり、長兄が後を継いだ。兄は戦後の農地改革で土地を失い、織物を始めた。播州は、糸を染めてから織る先染織物の産地でもあった。私も手伝ったが、数年後、大阪の繊維問屋が次々に倒れ、経営がうまくいかなくなった。それで、私は妻の実家で織物工場の煙突作りを手伝ったり、糸のブローカーをやったりした。「子供の時に覚えた技術を使えたらなあ」と始めたのが、釣り針作りだ。

――毛針でなく、鉄針だったのは、なぜか

前身の「蒲克釣本舗」を創業する前年の一九五四年ごろかな。子供のころよく遊んだ川に久しぶりに行ったら、魚が毛針に食いつかない。えさになる虫が川から急にいなくなり、魚は虫の形がわからなくなっていた。当時、出始めた合成洗剤が原因だとわかり、海釣にも使える糸つきの針に絞った。

――超一流ブランド「蒲克作」の第一号は何か

かつて関東で盛んだった淡水魚のタナゴ釣り用の針だ。当時、世界最小と言われた針の先端は一・七ミリ。それでも、体長が数センチしかないタナゴの

わが社の歩み

釣り具の大手メーカーで、超一流の釣り具は海外でも高い評価を受けている。九八年十一月期の売上高は前期比二・五％増の六八億二九〇〇万円。商品別の売上高の割合は、釣り針五二％、釣りざお四七％。さおの技術を生かしたゴルフクラブにも進出している。分離している販売部門（大阪市）の九九年五月期の売上高は九〇億六一〇〇万円。本社は兵庫県西脇市で、従業員は九十二人。

藤井社長が五五年、故郷の西脇市蒲江《こもえ》に「蒲克《がまかつ》釣本舗」として創業した。社名は、藤井社長の故郷と自身の名前の一字ずつをとって命名した。

タイと中国に、一〇〇％出資の現地法人を設立、主に釣り針の二次加工を手掛ける。輸出は売上高の一割を占める。

1955	蒲克釣本舗を創業
63	釣り針の電気熱処理装置を開発
68	株式会社に改組、現社名に
69	本社を現在地に移転
76	釣ざおの生産を開始
77	販売部門を分離、独立
79	欧米への輸出を開始
83	カーボン100%のさおを開発
87	釣り用アパレル製品の販売を開始
88	バンコクに現地法人を設立
90	中国に現地法人を設立

口には大きすぎた。当時、タナゴ釣り研究会の会長だった安食梅吉さん（故人）は、針の先端が一ミリの針を作っていた。それが評判になって、初任給一万八〇〇〇円といわれた時代に一本五〇〇〇円で売れた。

しかし、安食さんは自分で作るのが面倒なので、「作ってみないか」と、私に声を掛けてきた。「さあ、どう量産するか」と悩んでいた時、歯科医院で超高速回転のエアタービンで歯を削る機械を目にして「これだ」と思いついた。その機械の先端に宝石を削る砥石をつけて、針を作ったら一日に百本も生産できた。安食さんの針の二十分の一の二本組み五〇〇円で売った。従来の針に比べたら十倍以上も高い値段だが、ヒット商品になった。

——発展する契機は

炭を入れたつぼで鉄針を焼く従来の浸炭《しんたん》焼き入れ法では、均一に焼き入れができず、もろかった。針の材料を鉄線ではなく、紡績や自動車のバネ材に使われていた鋼線に替えた。浸炭焼き入れ法では、鉄の分子の間に炭素が混ざり込む際、むらがあった。これに対し、製鉄所で作られた鋼線は炭素を均一に含んでいた。

さらに、独自の電気熱処理装置の開発にも乗り出した。装置内に冷たい針を次々に入れても、八百七十度の高温を常に保てるように工夫して、硬くて粘りのある均質な針を連続処理で製造できるようになった。これで生産量は倍増した。

——釣りざお作りにも成功した

七〇年代前半ごろまで、釣りざおの素材は竹かグラス（ガラス繊維）だったが、他社がカーボン（炭素繊維）のさおを発売した。使ってみると硬いが、妙に折れやすかった。それで、材質を顕微鏡で調べたら、グラスが半分以上混ざっていた。カーボンは軽くて強いのに、なぜ、グラスを混ぜるのか。純毛にナイロンなどを混ぜると繊維が強くなるように、カーボンもグラスを混ぜた方が強くなるという先入

証言 あの時

研究に没頭、妥協を許さず

税理士　藤本理一さん

藤井社長とは、がまかつが株式会社になる前の六三年に会計顧問になって以来の付き合いだ。まだ家内工業の規模だったが、「世界にはばたきたい」と夢を語り、もうけをすべて研究開発につぎ込んでいた。無謀だとは思ったが、妥協を許さない人だった。独自の針先を作るのに、二十万回以上も研磨を繰り返し、東北大学の先生が舌を巻いたこともあった。創業当時、奥さんが下請けを何軒も回って、釣り針に糸をつける指導をしていた。研究に没頭できたのは、奥さんのおかげだ。

観があったのではないか。

それで、カーボン主体のさお作りを目指した。問題はさおの継ぎ目のかみ合わせだった。さおの一部を交換しようとすると、うまくかみ合わなかったからだ。コンピューターを駆使して、何本作ってもうまくかみ合うようにした。七年後の八三年、カーボン一〇〇％のさおが完成した。

――開発の秘けつは

七五年に南太平洋のパラオ諸島で、体長百六十センチ、重さ六十二・六キロのクエを釣り上げた。いそ釣りの日本記録でね。私自身がユーザーとなって、いろんな針やさおを試してきた。自分で使ってみたら、道具の欠点がよくわかる。社員にもプロの釣り師みたいなのが大勢いる。

――海外にも進出した

タイと中国に釣り針に糸をつけたりする二次加工の工場がある。中国は外資の出資比率を四九％までしか認めず、「これではうまくいかない」と思っていた八九年六月初め、天安門事件が起きた。外資が撤退し始めたが、逆に「今なら、一〇〇%出資の現地法人も認められるかもしれない」と交渉した。その月の下旬に予想通り認められた。その直後、中国の方針が元に戻った。間一髪だった。

――新規事業は

三年前、チタンを成型加工している会社が「ゴルフクラブの製造をしないか」と持ち掛けてきた。さおの技術がゴルフクラブのカーボンシャフトに生かせるというわけだ。その会社には、チタンヘッドを供給できるメリットがあった。実は、カーボンシャフトの仕上げを下請けでやった経験があった。不況も底を打ったと思い、新規事業として始めた。しかし、不況が長引き、軌道に乗せるのに時間がかかりそうだ。

――不況の影響は

釣りは不況に強いレジャーと言われるが、業界の売り上げは九六年から毎年、数%ずつ減り、この三年間で二〇%余り落ちた。ファッションとして始めた人は、思うように釣れないと、すぐやめてしまう。釣り人口は、そんなに増えていない。客一人当たりの単価は不況でダウンした。だが、わが社は中・上級者向けの商品が中心で、不況やブームに関係ない。つまり、他社の落ち込みが大きいということだ。

――今後の課題は

価格競争したら、世界に勝てない。品質が第一だ。売り上げより「がまかつ」のブランド、これまで築いてきた信頼を大切にしたい。それは、他社よりも一歩も二歩も前に出た商品を開発していくということだ。

ペットフード市場切り開く

エコートレーディング

社長 高《たか》橋《はし》良《りょう》一《いち》

昭和十年生まれ

——食品卸会社に勤務していたとか

高校を卒業して食品卸大手の国分に就職し、約二十年在籍した。本当は旅行会社を志望したが、不合格になり、食品メーカーに勤めていた兄の勧めで国分のお世話になった。

——ペットフードに目をつけたきっかけは

国分時代の一九六九年、アメリカへ十日間出張した。初めての海外渡航で、加工食品流通の視察が目的だった。ところが、行く先々のスーパーで、肝心の加工食品でなく、ペットフードに目を奪われてしまった。どの店でも、食品売り場の一角に、ペットフードが陳列されており、棚の広さとアイテムの多さはかなりのものだった。

日本ではご飯にみそ汁やカツオ節をかけて犬や猫

に与えていた時代だったから、ペットのためだけに製品化されたペットフードが、こんなに普及していることに驚いた。そして、アメリカで売れるなら、日本でも必ず普及すると思った。ペットフードは残飯よりも手軽だし、栄養バランスもよく、清潔だ。においもないし、日持ちもいい。これはいける、と直感的に感じた。

――それで

帰国後、アメリカの加工食品に関するリポートとは別に、ペットフードについても報告書を出したのだが、上司からは「何を見にいったんや」と怒られた。それでも、これから必ず伸びる市場だと説得し、取り扱いができるようになった。

――何から手を着けた

まず売り場が必要だった。スーパーの売り場の担当者に話すと、「食品を販売する場所に犬のエサを置くなんて」と難色を示す。そこでアメリカのスーパーで撮影してきた写真を見せ、エサといってもにおいもなく、密封しているので虫も出ないし、缶詰なら保存性も高いと言って説得、何とか小さな棚を任せてもらうことができた。だが、お客さんの反応は、一年ぐらいは全然だめだった。

――打開策は

ペットフードを一か所に集めるフルライン化を思いついた。ペットフードには、犬や猫用だけでなく、鳥や金魚、ウサギなどのエサもある。それまでは、小鳥のエサは雑穀屋に売っていたり、金魚のエサは金魚屋に売っていたり、バラバラに売っていたのだ。

この発想がよかった。買い物ついでの主婦が鳥や金魚のエサが買えるようになり、お客様へのサービスにもなったし、売り場の活性化につながった。二年目になってやっと主力のドッグフードやキャットフードも売れるようになった。

――いよいよ独立ですね

私はペットフードの商売をもっと発展させたかったが、社内には食品卸が扱う商品ではない、という抵抗があった。そこで独立を決意し、退職金を元手に七一年に会社を設立した。私は成績のいい営業マンだったので、横並びの給料ではなく、成果に見合った報酬がほしいという気持ちがあった。それが、会社を創業する背景にあったと思う。

――事業はスムーズに進んだのですか

国分時代からの関係で、当初から約百店の納品先があった。しかし、自分で商品を配達し、植付けをし、売り場作りもしなければならない。朝五時から夜十一時まで働いて、商品運びで腰痛になるし、血尿が出て九キロもやせた。今でも腰痛が持病だ。

――早くから全国展開を目指しましたね

わが社の歩み

ペットフード・用品卸の最大手。五百社以上のメーカーからペットフードやペット用品を仕入れ、スーパーやホームセンターなど約七千店に販売する。取扱品目は一万六千～一万八千点にも及ぶ。

七一年、高橋社長が創業した。社名の「エコー」は〝打てば響く〟山びこからとった。全国展開や量販店への販路開拓、情報システムの構築で成長してきた。九五年には大阪証券取引所新二部に株式を上場し、ペット業界では初の上場企業となった。

資本金は一四億二二〇五万円。九九年二月期の売上高は三六六億円（前期比七・六％増）、経常利益は七億円（同八・三％増）と、六期連続増収増益となった。社員数は約二百六十人。

1971	高橋社長が大阪市阿倍野区で「エコー販売」を創業
75	全国展開の第一歩である札幌営業所を開設
85	量販店のオンライン受注システムに対応する受注システムを開発
87	新本社が兵庫県西宮市に完成
92	社名を「エコートレーディング」に変更
95	大証新二部に上場
96	大証二部に昇格

七五年に札幌営業所を設置したのをスタートに、一時は収益をすべて出店に回した。やるからには地域問屋で終わるのではなく、日本一になりたかった。その結果、ペット業界では唯一の全国展開企業となり、それが販路を拡大するうえで大きな強みとなった。

——スーパーの次は？

八〇年代に入り、ホームセンターという新しい業態が郊外に増えてきた。食品を置かないため、ペットフードのスペースを取ってもらいやすいのではないかと考え、営業して回った。ペット用品やペットそのものまでそろえれば、既存のスーパーと差別化ができると提唱した。ペットのいる家庭にとってはペットフードは毎日の必需品なので、回転がよく、ホームセンターからも歓迎された。現在では、ホームセンターの取り扱いが最も大きい。

——販路を拡大するポイントは

やみくもに売り場をくれ、くれ、と言ってもだめだ。データに基づく説明や提案が大切だ。売れていると言うことを、数字で示せば、販売店だって効率のいい商品を置きたいのだから、「扱ってみようかな」「もう少し売り場を増やそうか」と考えてくれる。

——今後の戦略は

現在の一四％のシェアを二十一世紀には二〇％まで高めたい。同時に、大手メーカーにはできないニッチな商品の製造にも力を入れる。また、ブリーダー（繁殖家）と小売店を結ぶペットの競り市や、ペットビジネスに携わる人材を育成する学校設立を予定している。

動物は、ただかわいがるための存在から、一人暮らしの高齢者らを元気づける「コンパニオンアニマル」として認識されるようになってきた。高齢化社会に向かって、ますます重要になるペット産業を、私の手で一兆円産業に育てたい。

——不況をどう見ていますか

証言 あの時

もっと権限の委譲を

フリスキー社長　万浪《まんなみ》俊宏さん

私がネスレ日本から当社に移った八八年以来のお付き合いだ。ペットフード業界の先輩として、教えてもらうことが多い。山びこに由来する社名からもわかるように、打てば響くようなシャープな人だ。ただ、自分で何でもやってしまう性格なので、これからはもっと権限を委譲し、部下を育成するといいのではないだろうか。年に四、五回、一緒にプレーするゴルフでも、仕事と同様、向上心の塊で、少しでもいいスコアを出すのに懸命なところが高橋さんらしい。

消費税アップや少子化、高齢化で将来への不安から、消費が手控えられている。政府と官僚が引き起こした〝政府不況〟だ。そろそろ回復すると見ている楽観的な意見もあるが、私はもっと遅くなると見ている。それぐらい厳しく考えて対処しておけば、取りこぼしはない。

――影響はありますか

九九年二月期は、毎年二ケタ成長してきたのに比べると小幅な伸びにとどまっただが、これは販売先の見直しを進めたためだ。実質的には変わらない。

――厳しい経済環境を乗り切るポイントは

不況であっても、将来を見据えて生きていく仕組みを作ることが大切だ。コンピューターにできることは任せ、本社の人員はできるだけ少なくしている。

あとがき

事業に成功した人の話は面白い。なんと言っても、自信に裏付けられた迫力がある。実績があるから、失敗談も気楽に聞くことができる。

キーパーソンとも呼ぶべき人や企業との出会いがあって今日がある。決断によって、チャンスを引き寄せた。

この本に登場する経営者の話の共通項と言っていいだろう。

読売新聞大阪本社版で「転機―出会いと決断」の連載が始まったのは、九七年一月。平成不況が一段と深刻化する入り口のころだ。「いまこそ起業家精神を発揮し、新しい産業、事業を興すときではないか。先達の経験を聞く企画をやろう」との冨岡昭二経済部長（現社長室次長）の発案で、週一回の「ニュービジネス」のページでスタート。一年くらいのつもりが九九年四月まで続いた。

一代で大を成した創業経営者や、創業者から事業を受け継ぎ、大きく花開かせた二代目、三代目経営者、創業間のないベンチャー経営者らが登場し、歩んできた道を振り返りながら、成功への転機を縦横に語っていただいた。

日本経済は戦後初めての二年連続のマイナス成長に突入、景気が悪いなかで、元気のある経営者の話は紙面に活気をもたらし、読者からの反響も多かった。企業経営者やサラリーマンにとどまらず、家庭の主婦層にとっても「成功潭」は興味を持って読まれたようだ。「本になりませんか」とのうれしい問い合わせも頂戴した。

連載ではちょうど百人の経営者に登場願ったが、うちお二人はその後、事業につまずかれたため、単行本出版に当たっては割愛した。なお、ワコールの創業者で掲載当時、会長だった塚本幸一氏と同じくマイカルの創業者の一人で掲載当時、会長だった小林敏峯氏はその後、鬼籍に入られたが、貴重な歴史の証言でもあり、改めてご登場いただいた。

なお、登場人物はインタビューの本人を除き、掲載当時の肩書きとした。また紙面の都合から一部記事をカットした。

取材に当たったのは、ほぼ三分の一を書いた石田尚久記者（現東京経済部員）をはじめ、彦坂真一郎、上野昌彦、小川力生、滝沢清明（現高松総局次席）、菊池隆、櫨本洋司、藤田桂子、戸田博子、湊口智子、山本啓二、向野晋、立石知義、中川賢、辻田素子（一橋大学商学研究科博士後期課程在籍）の各記者、デスクは波多野敬（現東京本社調査研究本部研究員）、斎藤治両次長と稲田が担当した。

最後に、出版に際し、巻頭のことばを寄せていただいた藤本義一さんに改めてお礼を申し述べるとともに、新しいデータの追加取材などで、松尾徹部長以下、全経済部員の協力を得たことを付け加えたい。柳原書店の柳原喜兵衛社長、柳原浩也さんにとくにお世話になった。ここに記して、感謝を捧げたい。

二〇〇〇年一月

読売新聞大阪本社　経済部次長　稲　田　力

合資会社　柳 原 書 店
〒615-8107　京都市西京区川島北裏町７４
TEL　０７５（３８１）２３１９
FAX ０７５（３９３）０４６９
http:／／www.yanagiharashoten.co.jp／
（定価はカバーに表示しています）